Perspektiven dezentraler Infrastrukturen im Spannungsfeld von Wettbewerb, Klimaschutz und Qualität

T0316929

Kommunalwirtschaftliche Forschung und Praxis

Herausgegeben von Wolf Gottschalk

Band 16

PETER LANG

Frankfurt am Main · Berlin · Bern · Bruxelles · New York · Oxford · Wien

Nikolaus Richter/Stefan Thomas

Perspektiven dezentraler Infrastrukturen im Spannungsfeld von Wettbewerb, Klimaschutz und Qualität

Endbericht der Forschungspartnerschaft
INFRAFUTUR

Unter Mitarbeit von
Prof. Dr. Peter Hennicke (Wuppertal Institut)
Dr. Kurt Berlo, Oliver Wagner (Wuppertal Institut)
Prof. Dr. Holger Wallbaum, Stephan Schaller (triple innova)
Rainer Lucas, Henning Wilts (Wuppertal Institut)
Meike Spitzner (Wuppertal Institut)

PETER LANG
Internationaler Verlag der Wissenschaften

Bibliografische Information der Deutschen Nationalbibliothek
Die Deutsche Nationalbibliothek verzeichnet diese Publikation
in der Deutschen Nationalbibliografie; detaillierte bibliografische
Daten sind im Internet über <http://www.d-nb.de> abrufbar.

Gefördert mit Mitteln des
Finanz- und Wirtschaftsrats beim
Verband Kommunaler Unternehmen e.V.

Gedruckt auf alterungsbeständigem,
säurefreiem Papier.

ISSN 1435-8468
ISBN 978-3-631-58274-9
© Peter Lang GmbH
Internationaler Verlag der Wissenschaften
Frankfurt am Main 2009
Alle Rechte vorbehalten.

Printed in Germany 1 2 3 4 5 7

www.peterlang.de

Inhalt

Tabellen

Abbildungen

Vorwort

In der Forschungspartnerschaft INFRAFUTUR untersuchten das Wuppertal Institut und 13 Unternehmen der kommunalen Wirtschaft sowie der VKU, der VKS im VKU und die ASEW im VKU, welche Strategien geeignet sind, um die Ver- bzw. Entsorgung von privaten Haushalten und der Wirtschaft in den Sparten Energie, Wasser/Abwasser und Abfall zukunftsfähig zu sichern. Eine Forschungspartnerschaft zwischen einem Institut der angewandten Nachhaltigkeitsforschung und verantwortlichen Unternehmen und Verbänden im Bereich dezentraler Infrastrukturen schafft eine gute Plattform, um das Spannungsfeld zwischen den betriebswirtschaftlichen Zielen von Infrastrukturunternehmen und dem gesellschaftlich notwendigen Klima- und Ressourcenschutz sowie stetig steigenden Anforderungen an die Qualität der Dienstleistungen und Produkte unter heutigen und auch längerfristigen Rahmenbedingungen in Szenarien im Lichte zukünftiger Herausforderungen auszuloten. Dazu ist einerseits erforderlich, eine wissenschaftliche Standortbestimmung der dezentral erbrachten Daseinsvorsorge und deren Bedeutung und Qualität für Bürger(innen) und Wirtschaft vorzunehmen. Stärken und Schwächen gilt es dabei ebenso kritisch zu bewerten wie Chancen und Gefahren. Andererseits stellen der bereits deutlich spürbare und sich noch verstärkende Klimawandel sowie die Ressourcenprobleme und daraus resultierenden Anforderungen an nachhaltiges Wirtschaften die kommunalwirtschaftlichen Unternehmen vor besondere Herausforderungen. Diese Herausforderungen können nicht mit einfachen Konzepten wie „Privat vor Staat" oder „Wettbewerb statt Regulierung" beantwortet werden. Sie verlangen vielmehr eine intensive Befassung mit den Leitbildern, dem Instrumentarium und der Qualitätssicherung für Infrastrukturleistungen, die eine in ökologischer, ökonomischer und sozialer Hinsicht nachhaltige Entwicklung unterstützen.

Als ein wesentliches Ergebnis der dreijährigen Forschungspartnerschaft wurde herausgearbeitet, dass für eine nachhaltige und umfassende Qualitätssicherung in den Sparten Energie, Wasser/Abwasser und Abfall die Dezentralität ein herausragendes Leitprinzip und der Ausbau dezentraler Infrastrukturen eine entscheidende Grundlage darstellen.

Die von kommunalwirtschaftlichen Unternehmen dezentral erbrachte Daseinsvorsorge ist für die gesellschaftliche und wirtschaftliche Entwicklung aus mehreren Gründen von wesentlicher Bedeutung:

1. Sie überwindet die einseitige Orientierung am Shareholder Value zugunsten eines Beitrags zum Public Value, also zum Beispiel zur Sicherung der natürlichen Lebensgrundlagen durch Klima- und Ressourcenschutz.
2. Sie fördert die Vielfalt von Akteuren und optimiert dadurch die Voraussetzungen für einen Innovations- und Qualitätswettbewerb

sowie für die Verwirklichung der Ziele einer nachhaltigen Bewirtschaftung der natürlichen Ressourcen.

3. Sie kann die Ausweitung oligopolistischer Strukturen begrenzen und marktbeherrschende Positionen abbauen helfen.

4. Sie schafft Voraussetzungen, dem Primat der Politik in der Energie- und Ressourcenfrage Geltung zu verschaffen und sie trägt damit zur Beibehaltung demokratisch legitimierter Steuerung der für eine Volkswirtschaft wichtigen Ver- und Entsorgungsmärkte bei.

5. Sie verstärkt die Kundenbeziehung, erschließt mögliche Synergien des Querverbundes, mobilisiert die endogenen Potenziale vor Ort bei den erneuerbaren Energien und Materialien, bei der Energie- und Materialeffizienz und bei den damit verbundenen Produktionsprozessen und Dienstleistungen.

6. Sie ermöglicht positive Nettobeschäftigungseffekte, reduziert den Import von Energie und Rohstoffen durch nationale/regionale Wertschöpfung, entsprechend den natürlichen Gegebenheiten z.B. in der Wasserver- und Abwasserentsorgung, und sie stärkt dadurch die regionalen Stoff- und Wirtschaftskreisläufe.

Dabei zeigen die Szenarienanalysen dieser Forschungsarbeit auch, dass die erwähnten positiven Beiträge und Perspektiven dezentraler Infrastrukturen sich angesichts der Vermachtung der Märkte nicht im Selbstlauf ergeben, sondern dass hierfür durch aktivierende Klima-, Energie-, Abfall- und Wasserpolitik förderliche Rahmenbedingungen im EU-weiten und nationalen Rahmen geschaffen werden müssen.

Der Bericht fasst die wichtigsten Ergebnisse einer fruchtbaren dreijährigen Forschungspartnerschaft zusammen. Da hier nur ein Überblick über die Ergebnisse gegeben werden kann, werden detaillierte Ergebnisse für die drei o.g. Sparten in Einzelberichten veröffentlicht. Sie können beim Wuppertal Institut bezogen werden.

Peter Hennicke
Ehemaliger Präsident des
Wuppertal Instituts

Heike Kuntz
Sprecherin der
Forschungspartnerschaft
INFRAFUTUR

Stephan Weil
Präsident des Verbands
kommunaler Unternehmen

1 Kommunale Wirtschaft – große Herausforderungen und neue Chancen

Zwei Haupttrends prägen die Ver- und Entsorgungswirtschaft seit fast zwei Jahrzehnten:

- Erstens die Einführung von mehr Wettbewerb, die gleichzeitig von Forderungen nach Privatisierung von Infrastrukturleistungen überlagert und vorangetrieben worden ist.
- Zweitens die zunehmende Bedeutung des Klima- und Ressourcenschutzes und ein gesellschaftlicher Diskurs, wie die ökologischen, ökonomischen und sozialen Dimensionen von Nachhaltigkeit miteinander verbunden werden können.

Diese Trends haben verschiedene Phasen durchlaufen und sie haben die Sparten Energie, Wasser/Abwasser sowie Abfall ungleichzeitig und in unterschiedlicher Intensität betroffen.

Heute lässt sich konstatieren, dass die in den 90er Jahren noch vorherrschende überschwängliche Euphorie für Deregulierung und unbeschränkten Wettbewerb inzwischen einer nüchternen und empirisch solideren Analyse der realen Marktergebnisse gewichen ist. Vor allem haben quantifizierte und verbindliche Leitziele beim Klimaschutz deutlich gemacht, dass sich in Überlebensfragen wie dem Klimawandel Regierungen, Wirtschaft und Zivilgesellschaft vorrangig auf eine demokratisch legitimierte Festlegung von Zielen einigen müssen und erst dann die Frage ansteht, mit welchen Instrumenten und Mitteln („mehr Wettbewerb oder mehr Regulierung?") die Ziele erreicht werden können.

Auch der Generalverdacht, dass öffentlich gebundene Unternehmen per se ineffizienter wirtschaften als private, hat sich als ein Vorurteil erwiesen, das einer empirischen Überprüfung nicht standhält. Zu Recht fordert eine kritischere Öffentlichkeit gerade von privaten, aber auch von öffentlichen Infrastrukturdienstleistern, dass sie verantwortlicher und zukunftsfähiger mit Menschen (Arbeitsplätzen), Ressourcen und der Umwelt umgehen.

Daher steht auch ein Schlagwort wie „Liberalisierung", mit der immer wieder die Entgesellschaftung („Privatisierung") der Daseinsvorsorge in unzulässiger Weise mit der Wettbewerbsorientierung verknüpft wurde, heute zu Recht auf dem Prüfstand. Denn am europäischen und deutschen Energiemarkt zeigt sich beispielhaft, dass eine systematische Oligopolbildung und teilweise eine erhebliche zusätzliche Vermachtung von Märkten, also das Gegenteil von freieren und vielfältigeren (liberalisierten) Marktformen, unter dem Schlagwort „Liberalisierung" gefördert wurden[1].

Energie ist dabei die Sparte, die in vielen Aspekten eine Vorreiterrolle eingenommen hat und die bereits bisher und in Zukunft unter den Anforderungen des Klima- und Ressourcenschutzes verstärkt einem besonders herausfordernden Strukturwandel unterworfen ist. Daher wird in diesem zusammenfassenden Bericht häufiger der Energiebereich exemplarisch hervorgehoben werden.

Aber sowohl die Akteure, die Eigentumsformen und die Marktmorphologie, als auch die gesellschaftlichen Anforderungen an die Produkte und Dienstleistungen in den Sparten Energie, Wasser/Abwasser und Abfall weisen so erhebliche Unterschiede auf, dass einfache Analogien aus dem Energiebereich für die anderen Sparten nicht möglich sind. Daher wird hier auf die differenzierten Analysen in den ebenfalls veröffentlichten Spartenberichten des Forschungsprojekts hingewiesen.

Vor diesem Hintergrund stehen kommunale Unternehmen seit mehr als einem Jahrzehnt in dem besonderen Spannungsfeld von Wettbewerb, Klimaschutz und Qualität. Auf der einen Seite wurden Forderungen nach „**Deregulierung**" und „**Mehr Wettbewerb**" verstärkt, (Teil-) Privatisierungen realisiert und die wirtschaftlichen Betätigungsmöglichkeiten für Kommunen eingeschränkt. Auf der anderen Seite sind die Erwartungen von Bürger(inne)n und Wirtschaft in Bezug auf Qualitätssicherung, kostengerechte Preise und einen angemessenen Beitrag zum Klimaschutz eher gewachsen. Gleichzeitig sind in allen drei hier untersuchten Sparten große Konzerne entstanden, die sowohl mächtige Konkurrenten als auch marktstarke Lieferanten sind und die zudem im In- und Ausland im Wettbewerb mit internationalen Unternehmen stehen. Zum Teil sind sie bereits mit inländischen Unternehmen verbunden.

Darüber hinaus wuchs durch die Krise der Kommunalfinanzen der Druck auf kommunale Unternehmen, nicht nur gegenüber der privaten Konkurrenz, sondern auch gegenüber den Bürger(inne)n, den Kommunalverwaltungen und der örtlichen Wirtschaft ihre Existenzberechtigung und besondere Qualität als kommunalwirtschaftliche Leitunternehmen vor Ort unter Beweis zu stellen.

---

1 Der Begriff „Liberalisierung" wird, weil er sich im Fachjargon eingebürgert hat, dennoch im Folgenden weiter benutzt, aber im Sinne von „Einführung von Wettbewerb" verstanden und in Anführungszeichen gesetzt. Damit soll deutlich gemacht werden, dass er von Privatisierung klar abgegrenzt werden muss und die Marktvoraussetzungen und -ergebnisse im Sinne von funktionsfähigem Wettbewerb jeweils genau zu untersuchen sind.

Diese Entwicklungen haben die Kommunen und ihre Unternehmen in vielfältiger Weise beeinflusst. Soweit dies mit einem Qualitätsabbau dezentraler Infrastrukturen verbunden ist, hat dies eine besondere Bedeutung, weil Kommunen durch ihre Unternehmen vielfältige Leistungen erbringen müssen, die für das tägliche Leben ihrer Einwohner(innen) grundlegend und damit unverzichtbar sind. Ebenso ermöglichen diese den dort angesiedelten Unternehmen Zugang zu Basisgütern, ohne die sie ihre eigenen Leistungen nicht oder nicht so gut und/oder preiswert anbieten könnten. Die kommunale Wirtschaft ist damit wesentlicher Teil der Daseinsvorsorge, die in die grundgesetzlich garantierte Zuständigkeit der kommunalen Selbstverwaltung fällt und durch demokratische Entscheidungsverfahren, öffentliche Kontrolle und öffentliche Verantwortung geprägt ist. Hinzu kommt, dass die kommunale Wirtschaft ein wichtiger lokaler Arbeitgeber ist und einen wesentlichen Standortfaktor darstellt, der in erheblichem Umfang (und in der Regel auch stabil) zur Wertschöpfung der jeweiligen Region beiträgt.

Damit wird jedoch auch die Grundsatzfrage thematisiert, ob und inwieweit private Kapitalverwertung und Gewinnmaximierung hinreichend das Gemeinwohl und die Bereitstellung und Gewährleistung öffentlicher Güter sicherstellen kann. In diesem Forschungsprojekt musste daher nicht nur der „öffentliche Zweck" von dezentralen Infrastrukturen untersucht und mit einem zukunftsfähigen neuen Inhalt bestimmt werden, sondern auch Unterschiede zwischen einer vorwiegenden Orientierung an der betriebswirtschaftlichen Rendite („Shareholder Value") oder an einer darüber hinaus gehenden Zielsetzung des „öffentlichen Zwecks" („Public Value") herausgearbeitet werden.

Die kommunale Daseinsvorsorge betrifft nämlich nicht nur die Sicherstellung von stofflichen Primärprozessen (z.B. die Versorgung mit Energie und Wasser in ausreichender Menge und Qualität, die gefahrlose Entsorgung von Abfall und Wiederaufbereitung von Abwasser, die Sicherstellung von persönlicher Mobilität) und deren vor gelagerte Stufen. Kommunale Unternehmen sind vielmehr aufgrund ihres öffentlichen Auftrags bestrebt, mögliche negative externe Effekte von Infrastrukturdienstleistungen zu antizipieren und soweit wie möglich zu vermeiden bzw. positive externe Effekte zu unterstützen[2]. Das Auftreten von externen Kosten ist eine typische Form des Marktversagens, bei dem nach der ökonomischen Theorie der Staat gehalten ist, durch geeignete Maßnahmen (z.B. Steuern, Zertifikate) oder eben direkt durch eine verantwortliche

---

2 Als externe Effekte bezeichnet man in der volkswirtschaftlichen Theorie die unkompensierte Verlagerung der Auswirkungen von ökonomischen Entscheidungen auf unbeteiligte Dritte. Negative externe Effekte sind zum Beispiel Kosten, die der Weltgesellschaft durch Klimaveränderungen oder Ressourcenkonflikte auferlegt werden. Positive externe Effekte sind zum Beispiel der Nutzen, der durch vermiedene Entlassungen und damit reduzierte Sozialleistungen sowie geringere Einbußen an Lebensqualität für die betroffenen Arbeitnehmer(innen) entstehen.

Unternehmensführung öffentlich gebundener Unternehmen für eine Berücksichtigung bei der internen Kostenkalkulation zu sorgen (sog. Internalisierung externer Kosten). Dies gilt insbesondere hinsichtlich der Vermeidung von unerwünschten Effekten in den Bereichen Umweltnutzung und Klimawandel. Wichtige Kriterien für die **Qualität der Leistungserbringung** kommunaler Unternehmen sind Ver- und Entsorgungssicherheit sowie deren Kontinuität und flächendeckende Erbringung, ein gleichberechtigter Zugang, das Erreichen von Mindestanforderungen an die Qualität, die Berücksichtigung sozialer, kultureller und ökologischer Belange, die Erschwinglichkeit des Preises und der Gesamtkosten, aber auch die Transparenz der Entscheidungsprozesse, die demokratische Legitimation der Entscheidungsträger und deren öffentliche Kontrolle sowie Verantwortung.

Selbstverständlich sind kommunale Unternehmen als Treuhänder öffentlichen Eigentums ebenso wie private Unternehmen gefordert, effizient zu wirtschaften, mit dem Kapital ihrer Anteilseigner eine auskömmliche Rendite zu erzielen und ihre Wettbewerbs- und Innovationsfähigkeit zu sichern. Der wesentliche Unterschied zwischen privaten und öffentlich gebundenen Unternehmen liegt aber darin, **womit Gewinn erzielt wird, wie hoch die Zielrendite ist, wofür der Gewinn verwendet wird** und letztlich auch, ob die Wirtschaftskraft kommunaler Unternehmen dem „Konzern Kommune", der Regionalwirtschaft (mit ihren Bürger(inne)n und Unternehmen) sowie **dem Gemeinwohl dient** oder ob vorwiegend externe Aktionärsinteressen wie bei privaten Unternehmen damit bedient werden. Für die lokale/regionale Entwicklung ist dabei von herausragender Bedeutung, dass die Kommunalwirtschaft die regionale Wertschöpfungskette erheblich stärkt und insbesondere die heimischen kleinen und mittleren Unternehmen sowie die Handwerksbetriebe stützt. Kommunale Unternehmen sollten insofern auch einen Kontrapunkt zu den „perfekten Externalisierungsmaschinen" setzen, als die private, allein auf den Shareholder Value fixierte Konzerne von Lawrence E. Mitchell, Professor an der George Washington University, bezeichnet werden.

Die kommunalen Unternehmen unterscheiden sich insofern idealerweise – auch wenn sie im Wettbewerb mit privaten Unternehmen stehen – wesentlich von privatwirtschaftlichen Unternehmen. Dies gilt umso mehr, als die einzelne Kommune nicht nur übergeordnete Maßnahmen umsetzt, sondern zugleich politische Entscheidungsebene ist und ihre Unternehmen hierzu nutzt.

Im Bereich der dezentralen Infrastrukturen werden sich allerdings in den untersuchten Sparten Energie, Wasser/Abwasser und Abfall, aber auch in weiteren Sparten, die Geschäftsgrundlagen der kommunalen Wirtschaft weiterhin erheblich verändern. Treibende Faktoren sind hierbei im Energiebereich insbesondere der Preiswettbewerb mit privaten Unternehmen aus dem In- und Ausland, der teilweise zu einem Verdrängungswettbewerb geführt hat, und die Kürzung von Netzentgelten im Rahmen der staatlich administrierten Regulierung der Energiemärkte. Es gibt aber auch

Versuche, die kommunalen Unternehmen bei der Entflechtung von Konzernunternehmen zu instrumentalisieren. Hinzu kommen Bestrebungen, einen Wandel bei der Daseinsvorsorge durch reine Konkurrenzsteuerung auch in der Wasser- und Abwasser- sowie in der Abfallwirtschaft zu initiieren.

Diese Tendenzen haben in Verbindung mit der in vielen Kommunen sehr angespannten Haushaltslage erhebliche Verunsicherung darüber ausgelöst, ob und wie der erwünschte „Public Value" von öffentlich gebundenen Unternehmen unter gegebenen Markt- und Machtverhältnissen weiter verfolgt werden kann. Dazu trägt bei, dass die Kommunen im gegenwärtigen System der Gemeindefinanzierung auf einen Querverbund von Einnahmen aus rentablen Unternehmen angewiesen sind, um defizitäre, aber für die Lebensqualität vor Ort notwendige Aufgaben finanzieren zu können. Viele kommunale Unternehmen sehen daher bei unveränderten Rahmenbedingungen mit Sorge in die Zukunft und manche fühlen sich sogar in ihrer Existenz gefährdet.

Diese Verunsicherung ist einerseits umso problematischer, als die Ziele der Bundesregierung zum Klima- und Ressourcenschutz[3] bei einer Schwächung dezentraler Infrastrukturen unpraktikabel würden, weil sie – ganz im Gegenteil zur bisherigen Entwicklung – einen erheblichen Ausbau dezentraler Infrastrukturen voraussetzen.

Wird andererseits mit den Ankündigungen von EU und Bundesregierung zum Klima- und Ressourcenschutz Ernst gemacht und werden die dafür förderlichen Rahmenbedingungen geschaffen, dann kommen auf die kommunalen Unternehmen nicht nur zusätzliche Herausforderungen zu, sondern auch vielfältige neue Chancen. Besondere Chancen bieten sich hinsichtlich der regionalen und lokalen **Beiträge zum Klimaschutz** und zur Verbesserung der Versorgungssicherheit mit Energie und Rohstoffen. Klimaschutz bedeutet zum Beispiel,

- die Endenergieeffizienz bei den Kund(inn)en weit über den historischen Trend hinaus zu steigern und durch die Verlängerung der Wertschöpfungskette in allen Kundensegmenten neue Geschäftsfelder zu entwickeln,
- die Effizienz in der Energieerzeugung (zum Beispiel durch Kraft-Wärme/Kälte-Kopplung) und in der Energieverteilung zu verbessern und die große Vielfalt erneuerbarer Energien bei Strom, Wärme und im Verkehr verstärkt zu nutzen,
- in der Wasser-/Abwasserwirtschaft und in der Abfallwirtschaft Methangasemissionen zu minimieren, Energieanwendung und Energieerzeugung zu optimieren sowie unnötige Transporte zu vermeiden und
- die vielfältigen Synergien zwischen den Sparten systematischer zu erschließen und damit auch zur wirtschaftlichen Stärkung kommunaler Infrastrukturen beizutragen.

---

3   Vgl. Nitsch u.a. (2007).

All dies verbessert zugleich die Versorgungssicherheit mit Energie und anderen Ressourcen und spart zumeist der Gesamtwirtschaft wie auch den Kund(inn)en erhebliche Kosten. Zusätzlich kann die Abfallwirtschaft Wertstoffe verstärkt erfassen und stofflich verwerten und so wesentliche Beiträge zur Verbesserung der Rohstoffsicherheit und zur Kosteneinsparung für die Gesamtwirtschaft leisten.

Mit diesen Tendenzen wird die dezentral erbrachte Daseinsvorsorge unter geeigneten Rahmenbedingungen im Prinzip gestärkt, denn die genannten Potenziale, Technologien und Ansatzpunkte sind in der Regel dezentral vorhanden, vor Ort besser erschließbar und bieten daher komparative Wettbewerbsvorteile für dezentrale Akteure und Netzwerke. Hier eröffnen sich also prinzipiell beachtliche Chancen für kommunale Unternehmen, die Daseinsvorsorge für Bürger(innen) und Wirtschaft weiter zu entwickeln und **qualitativ hochwertige Dienstleistungen** in den Feldern Klimaschutz und Ressourceneffizienz anzubieten. Zugleich bieten sich neue Ansatzpunkte zur Kooperation zwischen den hier betrachteten Sparten der kommunalen Wirtschaft sowie für die überregionale Kooperation zwischen kommunalen Unternehmen.

Die Herausforderung liegt dabei darin, diese Chancen auch mit wirtschaftlicher Stärkung der Wettbewerbsfähigkeit kommunaler Unternehmen zu verbinden. Hier kommt es auf die Rahmenbedingungen an, z.B. bei der Umsetzung der EU-weiten und nationalen Beschlusslage zur Steigerung des Anteils der Kraft-Wärme/Kälte-Kopplung sowie der Endenergieeffizienz. Es gibt auf EU-Ebene und in Deutschland durchaus positive Tendenzen, die Rahmenbedingungen für die wirtschaftliche Nutzung der genannten Potenziale zu verbessern und so auch in den wettbewerblichen Bereichen den Übergang vom Preiswettbewerb der ersten Phase zum Qualitätswettbewerb um ressourceneffizient erbrachte Dienstleistungen zu fördern.

Insoweit die Rahmenbedingungen in den Sparten noch nicht hinreichend sind, kommt es jedoch zukünftig verstärkt darauf an, dass kommunale Unternehmen und ihre Verbände gegenüber der nationalen und EU-weiten Politik konkret verdeutlichen, welche Änderungen erforderlich sind, damit der geforderte Beitrag zum Klima- und Ressourcenschutz auch von wirtschaftlich starken kommunalen Unternehmen erbracht werden kann. Unter dieser Voraussetzung hat der Qualitätswettbewerb durch dezentrale Infrastrukturen gute Chancen, sich zu behaupten und einen verstärkten Beitrag zum „Public Value" zu erbringen.

2 Die Forschungspartnerschaft INFRAFUTUR

Vor diesem Hintergrund hat sich im Frühjahr 2005 die Forschungspartnerschaft „Perspektiven dezentraler Infrastrukturen im Spannungsfeld von Wettbewerb, Klimaschutz und Qualität" (INFRAFUTUR) gebildet. Als Kooperation aus wissenschaftlicher Forschung, unternehmerischer Praxis und wirtschaftspolitischer Interessensvertretung hatte sie die Chance, zugleich

- in der unternehmerischen Praxis verankert zu sein,
- den Überblick über die betroffenen Sparten einbringen zu können und
- mit einer auf wissenschaftlicher Unabhängigkeit und Methodenanwendung fußenden Urteilsbildung auf die Lage und Entwicklung der einbezogenen Sparten zu schauen.

Abb. 1:   Übersicht über die Zusammensetzung der
Forschungspartnerschaft INFRAFUTUR (eigene Darstellung).

Die Forschungspartnerschaft INFRAFUTUR untersuchte die beschriebenen Veränderungen. Sie zeigt Perspektiven auf und gibt Hinweise auf mögliche bzw. erforderliche Neuausrichtungen. Diese Forschungspartnerschaft zwischen

- dem Wuppertal Institut und
- 13 kommunalen Ver- und Entsorgungsunternehmen mit sehr unterschiedlicher Größe und auch verschiedenen Rechtsformen sowie
- dem Verband kommunaler Unternehmen (VKU), dem Verband kommunale Abfallwirtschaft und Stadtreinigung (VKS im VKU) und der Arbeitsgemeinschaft für sparsame Energie- und Wasserverwendung (ASEW im VKU)

ermöglichte eine grundlegende Untersuchung und den kombinierten Einsatz von zeitintensiven Methoden und umfassenden sowie tiefgreifenden Dialog- und Diskussionsprozessen, die im Rahmen „normaler" Forschungsprojekte nicht realisierbar sind. Die Abbildung 1 gibt einen Überblick über die Zusammensetzung von INFRAFUTUR.

Steuerungsgruppe

- Vorstände/Projektleitung Unternehmen
  → Sprecher/in
- Verband kommunaler Unternehmen
- Projektleitung/-koordination im Wuppertal Institut

Treffen etwa alle 6 Monate

Arbeitsaufträge   Berichterstattung

4 Arbeitskreise, jeweils:

- Verantwortlicher aus dem Wuppertal Institut
- Mitglieder aus den Unternehmen
- Vertreter(innen) von VKU
- Teammitglieder aus dem Wuppertal Institut

Treffen etwa alle 2 Monate, bei Bedarf öfter

Abb. 2:   Übersicht über die Arbeitsweise in der Forschungspartnerschaft INFRAFUTUR (eigene Darstellung).

Ziele der Forschungspartnerschaft waren die Entwicklung einer nachhaltigen Unternehmensstrategie mit ökoeffizienten und qualitätsorientierten Handlungsempfehlungen („kommunale Unternehmen der Zukunft") sowie eine ergebnisoffene Analyse objektiver Vor- und Nachteile einer dezentralen Organisation der untersuchten Infrastrukturdienstleistungen und welche Chancen für die Unternehmen bestehen („Zukunft kommunaler Unternehmen").

Der Begriff Forschungspartnerschaft macht deutlich, dass es sich hier nicht um eine vorab in Arbeitspaketen festgelegte Auftragsforschung handelte. Die Arbeiten hatten vielmehr den Charakter einer **kooperativen wissenschaftlichen Unternehmensberatung,** die die Unabhängigkeit der Forschung nicht in Frage stellte und Kontroversen produktiv ausgetragen hat. Die Ergebnisse sollen über den Kreis der Partnerunternehmen hinaus auch generell für die kommunale Entscheidungsebene und für die nationale Politik sowie andere Infrastrukturunternehmen relevant sein. Die Festlegung der zu untersuchenden Fragestellungen, die Auswahl der methodischen Grundlagen und deren Anwendung erfolgten in einem **intensiven Dialog**. Die Abbildung 2 zeigt die Struktur des Zusammenwirkens der Partner. Im Anhang befindet sich eine Übersicht über die bei den Forschungspartnern koordinierend tätigen Ansprechpartner(innen).

Die Untersuchung erfolgte in den Arbeitskreisen der drei Sparten Energie, Wasser/Abwasser und Abfall. Zusätzlich wurden in einem weiteren Arbeitskreis übergreifende Fragestellungen (z.B. Strukturierung der Untersuchung, Auswirkungen der „Liberalisierung", Nutzung von Synergien zwischen den Sparten, relevante Aspekte anderer Sparten der kommunalen Wirtschaft) bearbeitet und Stellungnahmen zu ausgewählten aktuellen Themen vorgelegt.

Die Forschungspartnerschaft INFRAFUTUR hatte zu Beginn der Forschungspartnerschaft ein detailliertes Analyseraster entwickelt und anschließend umfangreiche Untersuchungen vorbereitet sowie durchgeführt. Methodik und Ergebnisse der Arbeiten werden in diesem zusammenfassenden Gesamtbericht sowie in drei Spartenberichten dargestellt. Die Spartenberichte können beim Wuppertal Institut bezogen werden (Näheres hierzu im Anhang).

In diesem zusammenfassenden Gesamtbericht wird zunächst das methodische Vorgehen beschrieben. Im Anschluss daran werden übergreifende Ergebnisse präsentiert. Sie betreffen insbesondere die Auswirkungen der „Liberalisierung" sowie durch Kooperationen erschließbare Synergien. Nachfolgend werden dann exemplarische Spartenergebnisse vorgestellt, die als Auszug aus den drei Spartenberichten einen Einblick in die dort vorgestellten Ergebnisse bieten. Schließlich werden einige Hinweise zur Umsetzung der strategischen Empfehlungen gegeben.

3 Die Analyse

3.1 Was sind dezentrale Infrastrukturen?

Um die Zukunft von dezentralen Infrastrukturunternehmen untersuchen zu können, muss Klarheit darüber hergestellt werden, was sowohl unter **„dezentral"** als auch unter **„Infrastruktur"** zu verstehen ist. Der Begriff ‚Infrastruktur' wird in der Literatur unterschiedlich definiert. Für diese Untersuchung ist daher eine eigene Definition erforderlich. Dabei ist wichtig, dass Infrastruktur einen konkreten räumlichen Bezug hat und auf Basis- bzw. Unterstützungsfunktionen zugunsten der Unternehmen und Haushalte abstellt. Umstritten ist in der Literatur[1] vor allem die Weite des Begriffs. Im Rahmen der Forschungspartnerschaft INFRAFUTUR werden die Sparten Energie, Wasser/Abwasser und Abfall auf kommunaler und regionaler Ebene betrachtet, zum Teil auch in deren Zusammenwirken mit anderen Dienstleistungen der kommunalen Daseinsvorsorge. Innerhalb der Sparten werden zu der zu untersuchenden Infrastruktur gerechnet:

- die baulichen und technischen Anlagen (also z.B. die verschiedenen Netze, Erzeugungs- sowie Entsorgungsanlagen oder der Fuhrpark) einschl. der Einrichtungen und Ausstattungen,
- die erforderlichen Dienstleistungsaktivitäten, um die von den Unternehmen und Haushalten benötigten Infrastrukturleistungen in der erforderlichen Qualität zu erbringen. Es geht also nicht nur physisch um Netze oder Logistikpläne, sondern insbesondere darum, dass den Bürgerinnen und Bürgern sowie den Unternehmen die Dienstleistungen, z.B. die benötigte Wärme, das erforderliche Licht oder die einzusetzende Kraft zur Verfügung stehen bzw. die Verwertung oder Entsorgung des anfallenden Mülls erfolgt – und dies alles möglichst umwelt- und klimaschonend sowie preiswürdig,
- die konkreten institutionellen Regelungen zur kommunalen Daseinsvorsorge (also die kommunalen Unternehmen und deren Gremien sowie die Beauftragung durch die jeweilige Kommune),
- die personelle Ausstattung der Institutionen, die im Bereich der kommunalen Daseinsvorsorge tätig sind (Anzahl und Qualifikation der Mitarbeiterinnen und Mitarbeiter).

Darüber hinaus werden Aspekte einbezogen, die über die einzelnen Sparten hinausreichen. Dies betrifft die **Organisation der integrativen Bearbeitung** der verschiedenen Bereiche der kommunalen **Daseinsvorsorge als optimierendes, dynamisches System, durch das u.a. Synergien erschlossen werden** (ganzheitlicher Aspekt der kommunalen Daseinsvorsorge).

---

1 Vgl. insbesondere Jäger (2004), Jochimsen (1966), Loske/Schaeffer (2005), Mayntz/Schneider (1995), Peters (1981) und Simonis (1977).

Zusätzlich zum Begriff Infrastruktur war abzugrenzen, was im Rahmen der Forschungspartnerschaft unter **Dezentralität** zu verstehen ist. Dabei wurden drei Aspekte berücksichtigt:

- die technische Auslegung von Anlagen,
- die Lokalität der Bedarfsdeckung und
- der Lokalbezug der Entscheidungsträger.

Es zeigte sich rasch, dass kein Aspekt für sich eine hinreichende Zuordnung ermöglicht. Die Art und Größe der Kommunen (vom Stadtstaat Hamburg und den Landeshauptstädten München und Magdeburg bis zu Kreisen mit geringer Bevölkerungsdichte) waren ebenso zu berücksichtigen wie Unterschiede in den technischen Anlagengrößen sowie in der Intensität der Skaleneffekte zwischen den Sparten. Deshalb wurde eine Mischung aus den drei Kriterien gewählt, wobei das **Schwergewicht auf den Aspekt Lokalbezug der Entscheidungsträgerschaft**[2] **gelegt** wurde:

- Als **dezentral** ist die Infrastruktur daher anzusehen, wenn die **Entscheidungen auf regionaler oder kommunaler Ebene** oder von **Unternehmen** getroffen werden, deren Marktanteile im Vergleich zum nationalen Gesamtmarkt **keine dominierende Position** signalisieren und diese Entscheidungen sowie die eingesetzten Anlagen primär auf die Deckung der lokalen/regionalen Bedarfe abstellen.
  Dies schließt mit ein, dass auch erhebliche über die Gemeindegrenzen hinausgehende Aktivitäten zielgerichtet und wirtschaftlich zweckmäßig vor Ort entschieden werden können, soweit sie der Stärkung einer nachhaltigen kommunalen/regionalen Wirtschaftstätigkeit dienen und einen Beitrag zum Public Value bzw. zum öffentlichen Zweck erbringen.
- Daraus folgt, dass eine Infrastruktur umgekehrt dann als **zentral** angesehen wird, wenn die Entscheidungen über die Errichtung von technischen Anlagen sowie die Bereitstellung von Dienstleistungsangeboten auf hoher Ebene getroffen werden und bei der Entscheidung die Geschäftsaktivitäten hinsichtlich der Gesamtbevölkerung bzw. Gesamtwirtschaft oder wesentlicher Teile davon in den Blick genommen werden. Dies trifft insbesondere bei Entscheidungen zu, die in Konzernzentralen getroffen werden, kann aber auch Infrastrukturentscheidungen betreffen, die durch die Bundesregierung oder den Deutschen Bundestag getroffen werden (z.B. bzgl. Übertragungsnetzen oder der Zulässigkeit, Notwendigkeit oder Förderung von bestimmten technischen Anlagen).

---

2 Die kommunale Entscheidungsträgerschaft sollte dabei als Einheit gesehen werden. Maßnahmen des eigentumsrechtlichen Unbundling, wie sie von der EU-Kommission für die Energiesparte gefordert werden, stehen dazu im Widerspruch. Sie würden bei der Kommunalwirtschaft kontraproduktiv wirken, weil sie sowohl den möglichen Wettbewerbsbeitrag kommunaler Unternehmen als auch die ganzheitliche Realisierung des Gemeinwohls auf kommunaler Ebene behindern.

Diese Definition beschränkt also Dezentralität ausdrücklich nicht auf die jeweilige Kommune. Eine Entscheidung auf kommunaler Ebene kann insbesondere auch dann vorliegen, wenn kommunale Unternehmen gemeinsam ein Infrastrukturprojekt realisieren oder Kommunen eine konkrete Infrastrukturleistung einem gemeinsamen Zweckverband übertragen. Der Aspekt der **interkommunalen Zusammenarbeit** gehört somit zum Kernbereich einer dezentralen Entscheidungsstruktur.

Dezentral ist die Entscheidungsfindung allerdings nur dann, wenn die zu treffenden Grundsatzentscheidungen zum Inhalt und Preis des Infrastrukturangebots tatsächlich in den einzelnen Kommunen getroffen werden. Würden dagegen diese Festlegungen in einem Gemeinschaftsunternehmen ohne Rückkopplung mit den kommunalen Anteilseignern getroffen, wäre im Einzelfall zu prüfen, ob die Dimension des Projekts (evtl. im Zusammenhang mit weiteren Gemeinschaftsaktivitäten) als für den Gesamtmarkt bedeutend anzusehen ist. Ebenso sind solche Aktivitäten nicht mehr als dezentral einzustufen, die darauf hinauslaufen, einen unternehmerischen Wachstumsprozess in Gang zu setzen, der auf eine in Form und Inhalt vergleichbare Entwicklung eines Konzernunternehmens hinausläuft. Die Grenze ist im Einzelfall nicht leicht zu ziehen, die o.g. Kriterien können aber bei der Bewertung des Einzelfalls sehr hilfreich sein.

3.2 Methodisches Vorgehen

3.2.1 Spartenübergreifende Analysen

Der Einsatz der Methoden wurde durch mehrere Faktoren bestimmt. Nach der Abgrenzung der zu untersuchenden Bereiche der kommunalen Infrastruktur war die Breite und Tiefe der Untersuchung festzulegen. Für die bei INFRAFUTUR fokussierten Sparten Energie, Wasser/Abwasser und Abfall waren jeweils **detaillierte Analysen** zu erstellen. Damit diese umfassend erfolgen konnten, wurden wesentliche Wirkungen auf die Entwicklung und Entwicklungsfähigkeit, die von **übergreifenden Einflüssen** auf die kommunalen Unternehmen ausgehen, ebenso berücksichtigt. Dabei handelt es sich um verschiedene Rahmensetzungen (z.B. die Gemeindeordnungen der Bundesländer, die Vorgaben des Vergaberechts oder der steuerliche Querverbund zwischen Gewinn- und Verlustbringern in kommunalen Unternehmen). Hinzu kommt, dass eine summarische Analyse von Sparten die zwischen diesen (aber auch mit weiteren Bereichen der Kommunalen Wirtschaft sowie der kommunalen Aufgabenerfüllung) bereits realisierten und die noch erschließbaren **Synergien** außer Acht gelassen hätte. Schließlich sollte die Untersuchung der Sparten bei aller notwendigen Beachtung der existierenden Besonderheiten dennoch möglichst einheitlich strukturiert werden. Aus diesen Gründen wurde eine Verbindung von übergreifenden Fragestellungen mit einheitlich strukturierten Spartenanalysen gewählt.

Die **übergreifenden Fragestellungen** sind häufig **gesellschaftlicher und gesamtwirtschaftlicher Natur**. Beispielsweise war die Frage relevant, ob und inwieweit es in den untersuchten Sparten kommunaler Tätigkeit bedarf, weil bei einem freien, unregulierten Spiel der Marktkräfte die politisch und gesellschaftlich gewünschten Ergebnisse aufgrund von Marktmängeln oder gar Marktversagen nicht erreicht würden. Daran schließt sich die Frage an, ob es eine kommunale Pflicht zur Grundversorgung gibt, die womöglich private Konkurrenten dazu nutzen, sich **Rosinen herauszupicken** und die unattraktiven Teile den Unternehmen der kommunalen Daseinsvorsorge bzw. der kommunalen Selbstverwaltung zu überlassen. Die daraus resultierenden Folgen für die Wirtschaftlichkeit könnten dann als Argument gegen die betriebswirtschaftliche Solidität und Effizienz kommunaler Unternehmen ausgespielt werden.

Ein Beispiel für Marktmängel und Marktversagen ist bei der Entsorgung von Hausmüll zu beachten. Bei Müll handelt es sich um ein besonderes Gut, dessen Behandlung im Spannungsfeld von Vermeidung, Verwertung und Entsorgung der Markt nicht allein regeln kann, weil nicht alle Haushalte die Notwendigkeit für diese Dienstleistung einsehen (und statt dessen z.B. eine wilde Ablagerung im Garten oder in einem Waldstück oder das Verbrennen vorziehen würden). Die Entsorgung ist nur dann wirtschaftlich realisierbar, wenn die jeweilige Kommune (oder der Staat insgesamt) dafür sorgt, dass die Haushalte über Gebühren zur Finanzierung herangezogen werden. Ähnliches gilt für die Abwasserbeseitigung, aber auch für die ständige Verfügbarkeit von hochwertigem Trinkwasser in lokalen Netzen. Besonders wichtig sind für die dezentralen Infrastrukturleistungen deren sehr hohe Umwelt- und Klimarelevanz sowie die gesellschaftlichen Aspekte der kommunalen Daseinsvorsorge allgemein und der betrachteten Sparten im Besonderen.

Die gesellschaftliche und gesamtwirtschaftliche Sicht und der hier hervorgehobene Beitrag zum Public Value dürfen nicht dazu verführen, die betriebswirtschaftlichen Aspekte vor allem von Kosten, Erträgen und nachhaltiger Finanzierbarkeit aus dem Blick zu verlieren. Dies ist umso wichtiger, je mehr kommunale Unternehmen einerseits privater Konkurrenz ausgesetzt sind. Andererseits wird ihre Unabhängigkeit immer wieder mit dem Hinweis auf die (häufig nur unterstellte) fehlende Wirtschaftlichkeit zur Disposition gestellt, manchmal sogar ihre Existenzberechtigung. Deshalb war es in erheblichem Umfang notwendig, die kommunale Daseinsvorsorge im Rahmen von INFRAFUTUR anhand von **betriebswirtschaftlichen Betrachtungsweisen** zu untersuchen.

3.2.2   Die Analysen in den Sparten im Überblick

Als Ausgangspunkt für die Analysen in den Sparten diente eine Analyse der **Rahmenbedingungen** in jeder Sparte sowie spartenübergreifend. Kapitel 3.3 stellt wichtige Ergebnisse dieser Analysen dar.

Auf dieser Basis wurden Stärken und Schwächen von drei Grundtypen der Unternehmensausrichtung kommunaler Unternehmen (vgl. Kapitel 3.4) im Vergleich zu einem großen profitorientierten Wettbewerber analysiert. Diese Stärken und Schwächen wurden den möglichen Chancen und Gefahren gegenübergestellt, die sich aus drei Szenarien der externen Entwicklung ergeben. Für wichtige Knotenpunkte von Stärken oder Schwächen mit Chancen oder Gefahren wurden Handlungsoptionen erarbeitet. Details zu dieser SWOT-Analyse liefert Kapitel 3.5, ausgewählte Ergebnisse aus den Sparten sind in Kapitel 4 dargestellt. Zusammen mit übergreifenden Analysen von möglichen Synergien und Kooperationen zwischen kommunalen Unternehmen (vgl. Kapitel 5) bildeten die Handlungsoptionen aus der SWOT-Analyse die Basis für die abschließende Entwicklung konsistenter Strategien (vgl. Kapitel 6).

Die nachfolgende Abbildung 3 stellt die Schritte der SWOT-Analyse und der Strategieentwicklung im Überblick dar.

- Zur Definition der drei Grundtypen gehört zunächst die Festlegung der grundlegenden Unternehmenszwecke (Mission) und der konkreten innerhalb der kommenden fünf bis zehn Jahre angestrebten Ziele (Vision). Letztere wurden auf Basis einer detaillierten Analyse von Zielbereichen und Indikatorfeldern mittels einer Balanced Scorecard (vgl. Kap. 3.5.1) festgelegt.
- Es folgte die SWOT-Analyse mit der Erarbeitung der Handlungsoptionen sowie die parallele Analyse von möglichen Synergien aus der Kooperation der kommunalen Sparten und die Untersuchung der Auswirkungen der „Liberalisierung".
- Auf dieser Basis wurden zunächst Unternehmenszweck und Vision feinjustiert und endgültig festgelegt.
- Sodann wurden Strategiefelder identifiziert, konsistente Strategien mit ihren Strategieelementen entwickelt und für ausgewählte strategische Maßnahmenbündel die Umsetzungsbedingungen analysiert und Meilensteine festgelegt.

3.3   Rahmenbedingungen für kommunale Infrastrukturunternehmen wandeln sich

Wie eingangs bereits zusammengefasst wurde, haben sich die Rahmenbedingungen der wirtschaftlichen Betätigung von Kommunen – und damit auch der kommunalen Infrastrukturunternehmen – in den letzten Jahren erheblich verändert. Ein beträchtlicher Teil der bisherigen Veränderungen führte dazu, dass der Handlungsrahmen der Kommunalen Wirtschaft eingeschränkt wurde. Betrachtet man die Rahmenbedingungen kommunaler Infrastrukturunternehmen systematisch, lässt sich ein breites Spektrum möglicher Einflussfaktoren unterscheiden, die eng miteinander verflochten sind. Die Einflussfaktoren lassen sich prinzipiell zwei Bereichen zuordnen, die sich wiederum gegenseitig beeinflussen (siehe Abbildung 4 auf der Seite 29):

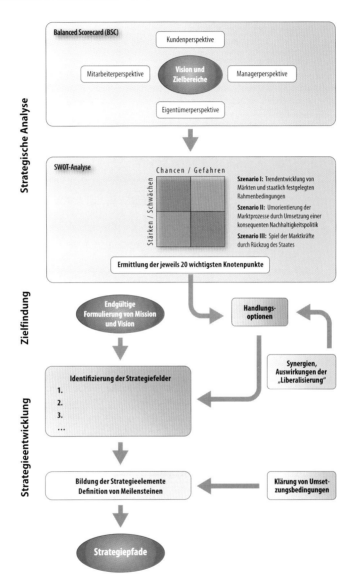

Abb. 3:   Übersicht über die Schritte der Analyse in den Sparten
(eigene Darstellung).

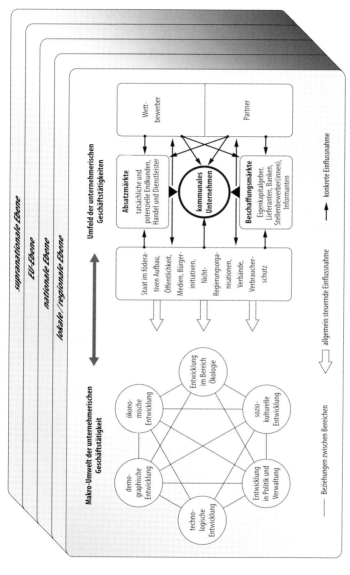

Abb. 4: Einflussfaktoren auf die Strategieentwicklung von kommunalen Unternehmen (eigene Darstellung)

• Auf der einen Seite ist das direkte Umfeld der unternehmerischen Geschäftstätigkeiten des kommunalen Infrastrukturunternehmens zu betrachten.

• Auf der anderen Seite ist die Makro-Umwelt der unternehmerischen Geschäftstätigkeiten in ordnungs- und umweltpolitischer Hinsicht einzubeziehen. Sie ist zwar mit dem betrieblichen Umfeld verbunden und steht mit dieser in Wechselbeziehung, sie betrifft aber Veränderungen der allgemeinen Rahmenbedingungen.

Die Ergebnisse der Betrachtungen zur Entwicklung der Rahmenbedingungen sind in den drei Spartenberichten ausführlich dargestellt (sowohl übergreifende als auch auf die jeweilige Sparte bezogene Entwicklungen). Aus dem breiten Spektrum an Einflussfaktoren, die auf die Strategieentwicklung von kommunalen Infrastrukturunternehmen einwirken, werden nachfolgend deshalb zum einen die Auswirkungen der „Liberalisierung", zum anderen die Herausforderungen und Chancen von Klimaschutz und Ressourceneffizienz differenzierter behandelt. Darüber hinaus wird kurz auf die kommunalrechtlichen Rahmensetzungen sowie auf den steuerlichen Querverbund eingegangen.

3.3.1   Wettbewerbsorientierung, Privatisierung, Regulierung

Die **stärkere Wettbewerbsorientierung der EU und ihrer Gesetzgebung zur Förderung der Binnenmärkte ist von herausragender Bedeutung**. Allerdings ist dabei zu beachten, dass die EU-Gesetzgebung in den Mitgliedsländern sehr unterschiedlich und teilweise mit starker Phasenverschiebung umgesetzt worden ist. Für Deutschland galt die Besonderheit, dass auf Grund historisch bedingter Vorbehalte gegenüber einer Zentralverwaltungswirtschaft zunächst dem sogenannten „freien Markt" z.B. im Energiesektor viel und dem Staat wenig zugetraut wurde. Dies ist einer der Gründe, warum in Deutschland – anders als in fast allen europäischen Ländern – auf eine Regulierung und strengere Begrenzung marktbeherrschender Stellungen im Energiesektor lange Zeit weitgehend verzichtet wurde. Aber es zeigte sich in der Folge im Energiebereich rasch, dass die Aufhebung rechtlich abgesicherter Monopolpositionen (z.B. geschützte Versorgungs- und Demarkationsgebiete) die faktische Konzentration von Primärenergiequellen, Kraftwerks- und Netzkapazitäten sowie von Kapitalmacht nicht aufhebt, sondern im Gegenteil unter Bedingungen unregulierten Preiswettbewerbs weiter verstärkt.

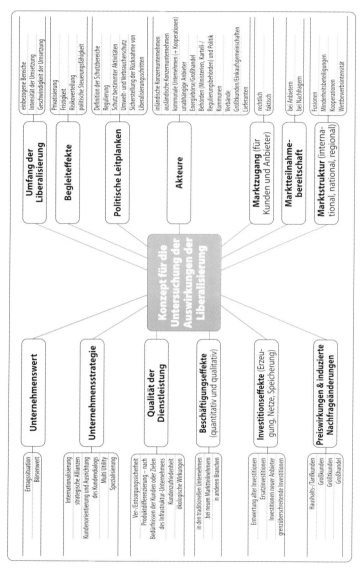

Abb. 5:   Untersuchungsbereiche zu den Auswirkungen der „Liberalisierung"
(eigene Darstellung)

Hinsichtlich der Folgen der „Liberalisierung" wurden in der Forschungspartnerschaft nicht nur die Sparten Energie, Wasser/Abwasser, Abfallentsorgung ins Blickfeld genommen, sondern die Entwicklungen und Erfahrungen in allen relevanten Bereichen der Daseinsvorsorge (also beispielsweise auch die Bahn, der öffentliche Nahverkehr, die Telekommunikation und die Postdienste). Auf diese Weise wurden Mechanismen und Strukturen der „Liberalisierungs"-prozesse sowie deren Folgen besser erkennbar und künftige Entwicklungen in den drei o.g. Sparten im Voraus fundierter abschätzbar.

Die Fragestellung, mit der an die Untersuchung der „Liberalisierungsfolgen" herangegangen wurde, war sehr breit angelegt. Das obige Schaubild zeigt, welche Themenbereiche untersucht und wie diese konkretisiert wurden.

Der Begriff **„Liberalisierung"** soll hier so verstanden werden, dass auf Märkten, auf denen bisher kein Wettbewerb bestand, dieser eingeführt wird.[3] Dabei wird „Liberalisierung" im Zusammenhang mit Leistungen im Bereich der Infrastrukturen, die auch die kommunale Daseinsvorsorge betreffen, in der Regel sehr eng auf **wirtschaftliche Aspekte** und häufig auf reinen Preiswettbewerb bezogen. **Gesellschaftliche Aspekte** und die strukturellen Voraussetzungen für einen funktionierenden Wettbewerb werden zumeist übersehen, obwohl die prinzipielle Gestaltungsfreiheit bei Entscheidungen auf kommunaler Ebene (Subsidiarität) sowie die Einflussnahme der Bevölkerung auf die Entscheidungen (Partizipation) zentrale Elemente von kommunaler Daseinsvorsorge sind. Würden sie einbezogen, wäre eine Abwägung der Zielbereiche erforderlich, die in der bisherigen Diskussion und in politischen Entscheidungsprozessen weitgehend unterbleibt. Aus einer eingeschränkten Sichtweise der Wirtschaftspolitik bedeutet „Liberalisierung" prinzipiell die Reduzierung von staatlichen Eingriffen in den Austausch von Waren, Dienstleistungen, Nutzungsrechten und Produktionsfaktoren. Liberalisierung ist aus dieser Sichtweise eng verbunden mit einer **Deregulierung der Märkte**.

„Liberalisierung" bedeutet für den Bereich der Daseinsvorsorge also, dass als erster Schritt versucht wird, Märkte zu schaffen. Hierzu werden zum einen die im Zusammenhang mit der Daseinsvorsorge stehenden verschiedenen Tätigkeitsfelder voneinander abgegrenzt und rechtlich getrennt. Dies führt zur Identifizierung von Hoheits- und/oder Monopolbereichen und deren Abtrennung von Wettbewerbsbereichen (Unbundling). Zum anderen werden in bisher gesamtstaatlich oder kommunal geregelten Bereichen (mit Aufgabenwahrnehmung durch die öffentliche Verwaltung oder öffentliche Monopolunternehmen) private Wettbewerber

---

3 Wie im Kapitel 1. bereits angesprochen wurde, wurde der eingebürgerte Begriff „Liberalisierung" beibehalten, aber in Anführungszeichen gesetzt, weil er missverständlich die Einführung von Marktelementen bereits suggestiv mit dem erst zu schaffenden („liberalen") Ergebnis, nämlich mehr Anbietervielfalt und funktionsfähigeren Wettbewerb, gleichstellt.

zugelassen oder Aufgaben (auf Zeit) im Wettbewerb an private Unternehmen übertragen. „Liberalisierung" im Bereich der Daseinsvorsorge wird somit in vielen Fällen auch mit dem Begriff Privatisierung verbunden. Neben der Übertragung von Aufgaben zählt hierzu auch der (Teil-) Verkauf von öffentlichen Unternehmen. Aber weder erfordert eine stärkere Marktorientierung eine Privatisierung, noch ist die Privatisierung eine empirisch nachgewiesene Voraussetzung für Effizienzsteigerung bei dezentralen Infrastrukturen, wie sie u.a. durch Marktprozesse erreicht werden kann.

Treibende Kraft der Einführung von Marktelementen unter dem Banner der „Liberalisierung" der (kommunalen) Daseinsvorsorge ist **vor allem die Europäische Union**. Dabei ist allerdings zu differenzieren: Während das **Europäische Parlament** und der **Bereich Umweltpolitik** der EU-Kommission eher inhaltliche Aspekte der Daseinsvorsorge im Blick haben (und deshalb eher zur Sicherung von Qualitätsstandards und zu einer Aufgabenanreicherung bei kommunalen Unternehmen neigen), streben die **Bereiche Binnenmarktentwicklung und Energie** sowie der **Europäische Gerichtshof** nach einer weitgehenden ökonomischen „Liberalisierung". Nur zum Teil werden dabei „Liberalisierungsschritte" über direkte Aktivitäten von **EU-Kommission** und/oder durch nationale Regierungen realisiert. Wichtige Weichenstellungen erfolgen über Entscheidungen des EuGH, in der Regel allerdings unter Mitwirkung der EU-Kommission.

Ziele der EU-Binnenmarktpolitik am Beispiel der Sparte Energie

- Erhöhung der Markttransparenz (u.a. durch Ausschreibungspflichten) und diskriminierungsfreier Netzzugang für direkten Anbieterwettbewerb um die Lieferung von Endenergie,
- Senkung der Energiepreise durch Freisetzung von Rationalisierungspotenzialen in den Wettbewerbsbereichen Erzeugung und Vertrieb:
  – Senkung der Betriebskosten
    (Realisierung von Einsparpotenzialen),
  – zusätzliche Steigerung der Produktivität
    (schneller und besser arbeiten),
  – Abbau von Überkapazitäten,
- Durchsetzung von Kostensenkungen in Monopolbereichen (und deren Weitergabe an Kunden) durch Regulierung,
- Etablierung des Wettbewerbs als Innovationsmotor,
- Stärkung von Kundenorientierung, Servicequalität sowie Entwicklung und Etablierung neuer Dienstleistungen,
- Verbesserung der internationalen Wettbewerbsfähigkeit

Tab. 1:   Ziele der EU-Binnenmarktpolitik am Beispiel der Sparte Energie
(eigene Darstellung)

Die Tabelle 1 enthält die prinzipielle Diskussionslinie der „Liberalisierungs-
befürworter" in der Energiesparte. Die Ansatzpunkte der Binnenmarktstrategie, die für die Einleitung von „Liberalisierungsschritten" genutzt werden,
sind vielfältiger Art. Die verschiedenen Aktionsfelder der EU-Binnenmarktpolitik sind jedoch prinzipiell in allen Sparten vergleichbar. Deshalb werden
von der EU-Kommission **Aktivitäten aus mehr dem Wettbewerb geöffneten
Sparten auf bisher wenig „liberalisierte" Sparten übertragen**. Beispielsweise
werden Qualitätsvorgaben hinsichtlich Form, Größe und Haltbarkeit von
Müllgefäßen unter dem Blickwinkel des Abbaus sog. nicht-tarifärer Han-
delshemmnisse betrachtet, durch die potenzielle Konkurrenten aus anderen
EU-Staaten benachteiligt werden sollen. Ebenso werden Regelungen als
gegen die Absolvent(inn)en von Ausbildungsgängen anderer EU-Staaten
gerichtet angesehen, wenn bei der Personalauswahl nur Bewerber(innen)
mit bestimmten Ausbildungsabschlüssen berücksichtigt werden sollen. In
beiden Fällen können lokale Verfahrensweisen vor dem EuGH landen und
dort zu Grundsatzentscheidungen in den Bereichen Vergaberecht bzw.
Arbeitnehmerfreizügigkeit führen. Die Ausweitung der Marktöffnung führt
somit auch in formal nicht dem Wettbewerbsrecht unterliegenden Sparten
bzw. Geschäftsbereichen zu erhöhten Anforderungen an die Gerichtsfestigkeit
der Unternehmensentscheidungen, um die relevanten Qualitätsmaßstäbe
dauerhaft anwenden zu können.

Die Marktöffnung wurde in den einzelnen Sparten staatlicher und kommunaler Daseinsvorsorge unterschiedlich weit und intensiv vorangetrieben.
Sie kann aber als vorherrschende Tendenz identifiziert werden, die weiter
fortbestehen wird. Dabei ist eine **„Stufentaktik"** erkennbar, z.B. bei Post,
Telekommunikation und Energie. Sie führt dazu, dass Breite, Tiefe und
Tempo der Umsetzung von Wettbewerbsschritten sehr unterschiedlich
ausfallen und Umsetzungspausen nicht als solche erkannt werden. Gleichzeitig wird versucht, diese Strategie auf andere Sparten zu übertragen.

Eine „Liberalisierung" der **Wasser- und Abwassermärkte** analog zum
Energiebereich wird durch allgemein anerkannte Hindernisse in technischer und hygienischer Hinsicht verhindert. Als Konsequenz verbliebe
nur die Option eines Ausschreibungswettbewerbs um das regionale Netz-
monopol. Dies käme einer Überführung öffentlicher in private Monopole
gleich, deren Wettbewerbswirkung sich nur punktuell entfalten würde.
Die Notwendigkeit zur Kontrolle und Regulierung würde hierdurch nicht
gemindert.

In der europäischen Diskussion umfasst das Strategiepapier „Binnenmarktstrategie 2003-2006" auch die Ankündigung, alle Optionen
zur Verstärkung des Wettbewerbs im Wasser- und Abwasserbereich zu
prüfen. Allerdings hat das Europäische Parlament einer generellen
„Liberalisierung" durch sein eindeutiges Votum vom 14.01.2004 wider-
sprochen, indem es „sich klar und deutlich gegen die Liberalisierung
der Wasserversorgung" aussprach. Eine 2004 angekündigte Bewertung
des Wassersektors seitens der Europäischen Kommission steht bis
heute noch aus, was darauf hin deutet, dass der Wassersektor nicht

mehr prioritäres Ziel ihrer „Liberalisierungs"absichten ist oder die politischen Rahmenbedingungen für einen solchen Vorstoß jedenfalls derzeit als ungünstig eingeschätzt werden. In diesem Zusammenhang ist das in Deutschland durch das Bundesministerium für Wirtschaft und Technologie in enger Zusammenarbeit mit den Fachverbänden, den Ländern und den Kommunen erarbeitete Modernisierungskonzept von besonderer Bedeutung. Modernisierungsstrategien könnten als Ersatz für die seitens der Europäischen Kommission geforderte „Liberalisierung" im wettbewerblichen Sinn dienen. So kann das Instrument des Benchmarking auch als Wettbewerbssurrogat genutzt werden. Hierbei wird die Leistungsfähigkeit der Wasserver- und Abwasserentsorger anhand von Prozesskennzahlen verglichen und Verbesserungspotenzial abgeleitet.

In der **Abfallwirtschaft** hat das Kreislaufwirtschaft-/Abfallgesetz von 1996 zu einer grundsätzlichen Unterscheidung von Abfällen zur Beseitigung und solchen zur Verwertung geführt. Abfälle privater Haushalte fallen noch weitgehend unter die Andienungspflicht beim öffentlich-rechtlichen Entsorgungsträger und werden über Gebühren finanziert. Im Zuständigkeitsgebiet des jeweiligen öffentlich-rechtlichen Entsorgungsträgers haben die mit der Sammlung und dem Transport von Restabfall beauftragten Unternehmen Monopole inne. Wettbewerb findet allenfalls bei der Vergabe von Entsorgungsaufträgen statt. Dagegen gilt für Abfälle zur Verwertung aus dem Gewerbe das Verursacherprinzip, bei dem überwiegend privatwirtschaftliche Unternehmen mit der Sammlung und Verwertung beauftragt werden. Im Bereich der Siedlungsabfälle fallen vor allem Verpackungen unter die Abfälle zur Verwertung, seit 1990 sind Duale Systeme für die Erfüllung der gesetzlichen Verwertungsquoten zuständig.

Angesichts der aktuellen Entwicklung der Rohstoffpreise sind immer mehr einzelne Abfallfraktionen rentabel verwertbar, was den Wettbewerb um die begehrten Sekundärrohstoffe zwischen kommunalen und privaten Entsorgern verschärft hat. Im Bereich Altpapier haben private Unternehmen z.B. begonnen, kostenlose Papiertonnen an die Haushalte zu verteilen, bisher trugen diese Erlöse zur Entlastung des Gebührenhaushalts bei. Neben den Versuchen, weitere Abfallfraktionen aus dem kommunalen Regime herauszubrechen, erschweren es zunehmend restriktive Gemeindeordnungen („Privat vor Staat") den kommunalen Unternehmen, im Bereich der Abfälle zur Verwertung tätig zu werden. Europäische Vorgaben zum Vergaberecht stellen zudem zunehmend hohe Anforderungen an die sogenannte „Inhouse-Vergabe" an das eigene kommunale Unternehmen ohne vorhergehende Ausschreibung, bei denen private Unternehmen durch niedrigere Lohn-, Sozial- und Umweltstandards zumeist im Vorteil sind.

Ein **zentrales Ziel der Binnenmarktstrategie** der EU ist die **Senkung der Preise für die Kund(inn)en** (Wirtschaft und private Haushalte). Dadurch sollen u.a. bei Unternehmen und Haushalten die nötigen Mittel frei werden, um das Wirtschaftswachstum im EU-Binnenmarkt zu erhöhen.

Dies soll durch die Freisetzung von Rationalisierungspotenzialen (Wettbewerb als Innovationsmotor und Kostensenkungsantrieb) und/oder die Regulierung von Monopolbereichen ermöglicht werden. Hinzu kommen als Ziele die Verbesserung der Wettbewerbsfähigkeit der in den EU-Staaten angesiedelten Unternehmen, eine Öffnung der Marktzugänge für neue Anbieter (und dadurch Wahlfreiheit für Kund(inn)en), die Erhöhung der Markttransparenz (u.a. durch Ausschreibungspflichten) und eine Erweiterung der Anbieterperspektive (von der reinen Ver- bzw. Entsorgungsaufgabe zu Kundenorientierung, Servicequalität und Entwicklung neuer Dienstleistungen).

Im Zielsystem der Binnenmarktstrategie sind allerdings die **besonderen Ziele und Bedingungen der dezentralen Infrastrukturökonomie nicht hinreichend berücksichtigt.**

- Diese Strategie geht davon aus, dass die Infrastruktur nicht dezentral bereit gestellt wird, sondern **von zentralstaatlichen Monopolen**, so wie dies in den meisten Ländern im Bereich des Post- und Telekommunikationswesens sowie oft auch in der Energie- oder Wasserwirtschaft der Fall war. Aus dieser für die Bereiche der kommunalen Daseinsvorsorge historisch schon immer unzutreffenden Sicht wird abgeleitet, dass „Liberalisierung" von Privatisierung begleitet werden müsse.
- Zum zweiten fokussiert die Strategie sehr oft ausschließlich auf den **Preiswettbewerb**, nicht aber auf den **Qualitätswettbewerb**. Dies ist besonders im Energiebereich zu kurz gegriffen, wo es aus Kundensicht vor allem um die Bereitstellung von Dienstleistungen in einem Paket geht, das heißt um die preiswürdige Bereitstellung von Endenergie zusammen mit der möglichst rationellen Umwandlung in die eigentlich erwünschte Energiedienstleistung (z.B. Wärme, Kraft, Kommunikation).
- Schließlich berücksichtigt sie oft nicht, dass eine **Vielzahl leistungsfähiger Wettbewerber** vorhanden sein muss oder ein diskriminierungsfreier Marktzugang durch staatliche Regulierung erzwungen werden muss, damit Wettbewerb funktionieren kann und damit die Märkte „befreit" (liberalisiert) werden können. Fehlen diese Voraussetzungen und verzichtet der Staat auf die regulative und diskriminierungsfreie Öffnung des Marktzugangs für Newcomer, kommt es im Gegenteil zu **Konzentrationsprozessen** und somit zu einer zunehmenden **Vermachtung** der Märkte.

Eine den marktbeherrschenden Status quo verstärkende Strategie und ein nur auf Unternehmensgröße und an kurzfristiger Preissenkung orientiertes Zielsystem stehen daher **im Konflikt mit** der kommunalen Gestaltungsfreiheit (Subsidiaritätsprinzip), der Rolle kommunaler Ver- und Entsorgungsunternehmen als Instrument zur Umsetzung von Umwelt- und Klimaschutzzielen sowie deren Auftrag, einen Beitrag zur sozialen Entwicklung in der Kommune (bzw. Region) zu leisten. Die Ziele der EU-Binnenmarktpolitik verstärken darüber hinaus den Konflikt mit den Einschränkungen, denen kommunale Unternehmen durch Festlegungen im jeweiligen Kommunalrecht der Bundesländer unterliegen (bzw. durch angestrebte Änderungen künftig unterliegen sollen). Dies betrifft insbesondere eine dem Örtlichkeitsprinzip folgende Festlegung auf die jeweiligen Gemeindegrenzen und den Vorrang privater Unternehmen im Zusammenhang mit der Erschließung neuer Geschäftsfelder. Konsequent im Sinne einer wirklichen Energiemarktöffnung wäre vielmehr, die noch existierende Vielfalt dezentraler Infrastrukturen unabhängig von der konkreten Ausgestaltung der Eigentumsform auszubauen und gleichzeitig die Markttransparenz zu erhöhen. Denn die derzeitige Unübersichtlichkeit der Markt- und Preisdifferenzierung führt für Anbieter und Kund(inn)en zu einem erheblichen Aufwand für die laufende Marktbeobachtung und bei kurzfristig wiederkehrenden Entscheidungsprozessen. Dadurch wird der erstrebte Kostenvorteil zumindest zum Teil wieder aufgehoben.

Zu welchen **Ergebnissen** führt die „Liberalisierung" von Bereichen der Daseinsvorsorge?

- Sie führt keineswegs in allen Fällen zur angestrebten dauerhaften Absenkung des Preisniveaus. Nach erfolgter Marktöffnung kann es sein, dass das Preisniveau bei bestehenden Überkapazitäten zwar vorübergehend durch Grenzkostenpreisbildung aus abgeschriebenen Anlagen sinkt, aber nach Abbau der Überkapazitäten beim Neubau zu Vollkosten (langfristigen Grenzkosten) dann wieder steigt. Ohne Regulierung für die Verkaufspreise kann nur mehr Wettbewerb in der Erzeugung bzw. Entsorgung gewährleisten, dass die Preise nicht deutlich über den langfristigen Grenzkosten liegen. Hierfür ist eine Vielzahl leistungsfähiger Wettbewerber erforderlich.
- Die Weltmarktorientierung vieler nationaler Regierungen bewirkt eine Konzentration durch die angestrebte Bildung „nationaler Champions" und damit eine Marktbereinigung. Sie kann zu dem paradoxen Ergebnis führen, dass die entstandenen großen Unternehmen auf nationalen und regionalen Märkten konkurrenzlos agieren können, weil dem Wettbewerb dort handlungsfähige (Mit-)Wettbewerber fehlen.
- Auf einzelnen liberalisierten Märkten findet ein Verdrängungswettbewerb statt, der sowohl einen Missbrauch der Marktmacht darstellen als auch gegen früher geschlossene Verträge verstoßen kann. Der politisch gewollte Wettbewerb auf den nationalen und regionalen Märkten kann oft gerade deshalb nicht entstehen, weil die für funktionierenden Wettbewerb zwingend notwendigen handlungsfähigen Wettbewerber fehlen.
- Auch die erwartete Entbürokratisierung tritt nicht notwendig ein. Im Gegenteil: Die Entflechtung der Wertschöpfungsstufen und die inzwischen eingeführte Regulierung führten z.B. bei den Energiemärkten zu mehr Bürokratie und zu mehr Unsicherheit sowie zu mehr juristischen Auseinandersetzungen, wodurch notwendige Investitionsentscheidungen unterbleiben.
- Die unter den Aspekten Deregulierung und „Liberalisierung" in den Bereichen Strom und Gas bereits realisierte bzw. noch weitergehend geforderte Trennung des Funktionsbereichs Netz von der Erzeugung

und vom Vertrieb (Unbundling) steht zudem im Widerspruch zur ganzheitlichen **kommunalen Entscheidungsträgerschaft** in den Bereichen der kommunalen Daseinsvorsorge. Das eigentumsrechtliche Unbundling, das von der EU-Kommission für die Energiesparte gefordert wird, hätte für die Kommunalwirtschaft kontraproduktive Wirkungen. Es würde sowohl den möglichen Wettbewerbsbeitrag kommunaler Unternehmen als auch die ganzheitliche Realisierung des Gemeinwohls auf kommunaler Ebene behindern.

- Häufig vorgebrachte und zum Teil überdies wechselnde Vorschläge zur Veränderung der Rahmenbedingungen und eine erhebliche Verkürzung der gesicherten Fristen gefährden die bei langfristigen Investments erforderliche Planungssicherheit.
- Die Aktionsfähigkeit kommunaler Unternehmen kann durch (Teil-) Privatisierungen, bürokratische Entflechtungs- und Netzregulierungen sowie einschränkende Regelungen der Kommunalordnungen so stark reduziert werden (tatsächlich und durch entstehende Unsicherheiten), dass wesentliche Ziele einer stärkeren Wettbewerbsorientierung verfehlt werden.
- Hinzu kommt, dass auf Standardmärkten mit geringem Produktdifferenzierungspotenzial die Qualität häufig durch Leistungseinschränkungen und Instandhaltungsverzicht dem Kostendruck angepasst wird bzw. unter Konkurrenzdruck angepasst werden muss.
- Private Wettbewerber sind in der Regel frei, sich die „Rosinen" aus einem Geschäftsfeld oder der Gesamtheit der Nachfrage herauszupicken. Dies ist z.B. in der Abfallwirtschaft bei den gewerblichen Abfällen oder Rohstoffen wie Papier und Glas zu beobachten. Den kommunalen Unternehmen kann dann die undankbare Aufgabe bleiben, die Grundversorgung aufrecht zu erhalten.
- Die Wertschöpfungsstufen im Bereich der Daseinsvorsorge sind viel komplexer als von den Liberalisierungsbefürwortern erwartet. Einen Eindruck von dieser Komplexität vermittelt Abbildung 6 auf der nachfolgenden Seite am Beispiel der Energiesparte. Das gilt dort besonders, wenn die rationelle Energieerzeugung durch Kraft-Wärme/Kälte-Kopplung (also eine Form der Kuppelproduktion) wie auch die Verlängerung der Wertschöpfungskette zum Verbraucher durch rationellere Energieverwendung (z.B. durch Contracting oder Demand Side Management) mit in die Betrachtung mit einbezogen werden. Deshalb ist auch zu bezweifeln, dass es sinnvoll wäre, die seitens der EU-Kommission angestrengte und zum Teil durch das Europäische Parlament verhinderte deutliche Ausweitung der „Liberalisierung" auf die Sparten Wasser/Abwasser sowie Abfall (und auch auf den Öffentlichen Personennahverkehr) umzusetzen.

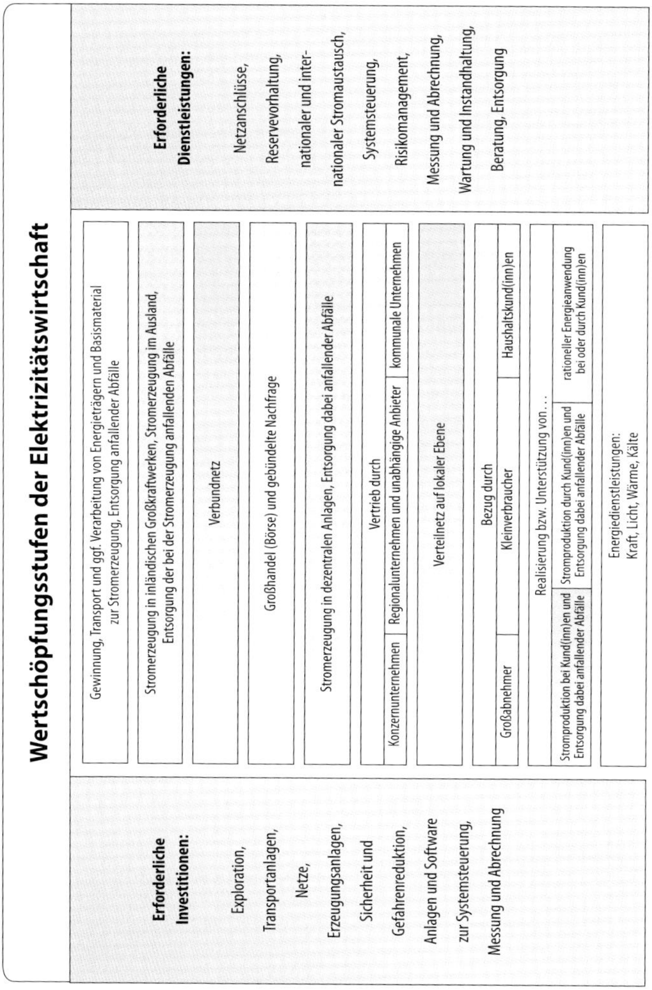

Wertschöpfungsstufen der Elektrizitätswirtschaft

Erforderliche Investitionen:

Exploration, Transportanlagen, Netze, Erzeugungsanlagen, Sicherheit und Gefahrenreduktion, Anlagen und Software zur Systemsteuerung, Messung und Abrechnung

Wertschöpfungsstufe
Gewinnung, Transport und ggf. Verarbeitung von Energieträgern und Basismaterial zur Stromerzeugung, Entsorgung anfallender Abfälle
Stromerzeugung in inländischen Großkraftwerken, Stromerzeugung im Ausland, Entsorgung der bei der Stromerzeugung anfallenden Abfälle
Verbundnetz
Großhandel (Börse) und gebündelte Nachfrage
Stromerzeugung in dezentralen Anlagen, Entsorgung dabei anfallender Abfälle
Vertrieb durch
Konzernunternehmen / Regionalunternehmen und unabhängige Anbieter / kommunale Unternehmen
Verteilnetz auf lokaler Ebene
Bezug durch
Großabnehmer / Kleinverbraucher / Haushaltskund(inn)en
Realisierung bzw. Unterstützung von...
Stromproduktion bei Kund(inn)en und Entsorgung dabei anfallender Abfälle / Stromproduktion durch Kund(inn)en und Entsorgung dabei anfallender Abfälle / rationeller Energieanwendung bei oder durch Kund(inn)en
Energiedienstleistungen: Kraft, Licht, Wärme, Kälte

Erforderliche Dienstleistungen:

Netzanschlüsse, Reservevorhaltung, nationaler und internationaler Stromaustausch, Systemsteuerung, Risikomanagement, Messung und Abrechnung, Wartung und Instandhaltung, Beratung, Entsorgung

Abb. 6: Wertschöpfungsstufen der Elektrizitätswirtschaft als Beispiel für die Komplexität der Infrastrukturen (eigene Darstellung)

- Als weiteres Problem sei genannt, dass Synergien künftig entweder schwerer erschließbar oder nicht mehr relevant sein werden. Dies sei am Beispiel der Energiesparte kurz erläutert: Hinsichtlich der leitungsgebundenen Energien ist aufgrund der Unbundling-Vorgaben auf eine Trennung des Netzbetriebs von Energieerzeugung und -vertrieb zu achten. Diese formale Vorgabe erschwert die gemeinsame Erschließung von Energie-effizienzpotenzialen, insbesondere eine vorausschauende und integrierte (und damit leistungsminimierte) Netz- und Kraftwerksausbauplanung im Zusammenwirken aller relevanten Beteiligten. Hinzu kommt, dass bei steigendem Kostendruck in den einzelnen Sparten die Bereitschaft sinkt, an der Erschließung von spartenübergreifenden Synergien zu arbeiten. Mit steigendem Kostendruck sinkt nämlich in der Regel auch der Zeitumfang, der für die Zusammenarbeit mit anderen Sparten verfügbar ist. Denn Kostendruck führt zur Konzentration der Kräfte auf die Kerngeschäftsfelder, so dass die Felder dazwischen unbearbeitet bleiben. Wenn jeder Teil für sich selbst optimiert, ist aber die Summe der Einzeloptimierungen sehr wahrscheinlich keine Gesamtoptimierung, insbesondere, wenn Kosten nur schwierig verursachergerecht zugeordnet werden können.

- Schließlich sei darauf verwiesen, dass beim Lieferantenwechsel hinsichtlich der Wettbewerbsintensität auch ein Indikatorenirrtum vorliegen kann. Die Zahl der Lieferantenwechsel ist kein hinreichend genauer Indikator für Wettbewerb. Sind die gehandelten Güter nicht vollständig homogen, können leichtfertig vereinbarte Lieferantenwechsel zu erheblichen Nachteilen führen. Das Gleiche gilt, wenn eine durch Entscheidungen des EuGH erzwungene Ausdehnung der Ausschreibungspflichten zu erzwungenen Lieferantenwechseln führt. In der Privatwirtschaft hat man dies inzwischen erkannt und sucht erfolgreich nach neuen Wegen, um langfristige Lieferbeziehungen auf hohem Qualitätsniveau zu realisieren (Netzwerkbildung). Dieser Weg wird der kommunalen Wirtschaft durch die Festlegung auf das öffentliche Vergaberecht (VOB/VOL) und dessen einschränkende Regelungen zunehmend verbaut.

Die konkreten Entwicklungen nach einer erfolgten Marktöffnung hängen sehr von den Bedingungen der einzelnen Sparte ab. Daraus folgt, dass die einfache Übertragung von „Liberalisierungsschritten" im Energiebereich auf andere Sparten nicht möglich, sondern jeweils eine detaillierte Analyse erforderlich ist. Hinzu kommt, dass danach eingeleitete Schritte unmittelbar und laufend evaluiert werden sollten, um rechtzeitig Fehlentwicklungen erkennen und gegensteuern zu können.

Unabhängig von diesen, die wirtschaftliche Handlungsfähigkeit beschränkenden, Rahmenbedingungen konnten **kommunale Unternehmen** jedoch **ihre Marktposition bisher behaupten**. Sie konnten weiter ein hohe Versorgungssicherheit gewährleisten, bei Preisen und Gebühren mit privaten Konkurrenten mithalten. Dennoch konnten sie ihre Rolle als aktiver Unterstützer einer Stadtentwicklungspolitik mit hoher Qualität aufrecht erhalten und die Beiträge zu den Einnahmen der kommunalen Haushalte (insbesondere Gewinnabführungen und Konzessionsabgaben) stabil halten. Ein wesentliches Mittel zur Stabilisierung der Marktposition war der Aus- und Aufbau von Kooperationen (z.B. bei der Beschaffung oder im Netz- und Erzeugungsbereich).

3.3.2 Änderungen im Bereich der unternehmerischen Betätigung von Kommunen

Ein weiterer wichtiger Bereich der Rahmenbedingungen für kommunale Unternehmen ist in Flächenländern das Kommunalrecht. Aus diesem Rechtsgebiet sind neben der jeweiligen Gemeindeordnung (und der damit korrespondierenden Landkreisordnung) auch die Gesetze über die kommunale Gemeinschaftsarbeit, die Bildung und Arbeit von Zweckverbände und die Eigenbetriebsverordnung relevant. Im Kommunalrecht ist u.a. geregelt, in welchen Bereichen sich Kommunen auf welche Weise unternehmerisch betätigen dürfen. Diese Bestimmungen sind nach Bundesländern unterschiedlich. Hinzu kommt, dass auch die Tendenz der Regelungsentscheidungen in den Bundesländern nicht einheitlich ist. Während einige Bundesländer wie z.B. Hessen und insbesondere Nordrhein-Westfalen jüngst erhebliche Beschränkungen in Kraft gesetzt haben, sind bei anderen Ländern keine wesentlichen Veränderungen eingetreten. In manchen Ländern sind sogar Erleichterungen beschlossen worden (z.B. in Brandenburg und Sachsen-Anhalt).

Von besonderer Bedeutung sind dabei die Regelungen zum **Subsidiaritätsprinzip**, die tendenziell in Richtung eines Vorrangs der privaten Unternehmen ausgelegt werden. Diese Diskussion mündet in der Festlegung der **Notwendigkeit eines öffentlichen Zwecks** in einer einfachen, erweiterten oder gar strengen Form. Die kommunalen Unternehmen werden zwar dem Wettbewerb unterworfen, bleiben selbst aber in ihrer Betätigung eingeschränkt oder werden gar noch weiter eingeschränkt.

Besondere Schwierigkeiten bereiten geplante bzw. schon realisierte Änderungen bisheriger Regelungen, die das **Örtlichkeitsprinzip** stärker betonen. Durch sie können Aktivitäten für oder im Zusammenwirken mit anderen Kommunen bzw. kommunalen Unternehmen erschwert werden. Insbesondere in Verbindung mit Ausschreibungspflichten für kommunale Dienstleistungen und Dienstleistungskonzessionen kann die interkommunale Kooperation (z.B. in Form von Zweckverbänden) be- oder gar verhindert werden.

Hinzu kommt, dass die **Zulässigkeit der Erschließung von neuen Geschäftsfeldern** erschwert wird bzw. werden soll. Beispielsweise sollen künftig in einigen Bundesländern vor Aufnahme der Aktivitäten Nachweise vorgelegt werden, dass für diese Geschäftsfelder ein dringender öffentlicher Zweck besteht und private Anbieter nicht bereits auf dem Markt sind (oder auf den Markt kommen können), die das Geschäftsfeld ebenso gut abdecken können. Dies würde nicht nur zu zusätzlicher Bürokratie und hohem Zeitaufwand führen, sondern auch zu großen Unsicherheiten für die Unternehmensplanung. Im Vorfeld wäre kaum absehbar, ob die Nachweispflicht für den Bedarf hinreichend erfüllt werden kann. Darüber hinaus könnten mögliche Konkurrenten eigene Angebote vorlegen und/oder Rechtsmittel einlegen und damit das Vorhaben des kommunalen Unternehmens erheblich behindern, zumindest aber die Phase der Unsicherheit noch verlängern.

Zur Sicherstellung einer gleichberechtigten Marktteilnahme der Stadtwerke in den Wettbewerbsmärkten der Strom-, Gas- und Wärmeversorgung bedarf es daher **einheitlicher Rahmenbedingungen in den Gemeindeordnungen** der jeweiligen Bundesländer, die die gegenwärtigen europarechtlichen und insbesondere nationalen Regelungen kongruent in den Gemeindeordnungen abbilden. Hierzu kann die sektorenspezifische Gestaltung der wirtschaftlichen Betätigungen der Gemeinden in den vorgenannten Wettbewerbsmärkten in der Gemeindeordnung des Landes Sachsen-Anhalt als eine ausgewogene Regelung beispielhaft herangezogen werden.

3.3.3 Änderungen im Bereich des steuerlichen Querverbunds

Zusätzlich sei noch auf ein spezielles Problem der kommunalen Unternehmen hingewiesen, das auf Unternehmen der kommunalen Daseinsvorsorge ganz besonders zutrifft (da ein privates Unternehmen dauerhafte Verlustbringer kaum fortführen würde): Es handelt sich um den **steuerlichen Querverbund** zwischen Gewinn und Verlust bringenden Aktivitäten. Insbesondere die Finanzierung des öffentlichen Personennahverkehrs, aber auch von weiteren Bereichen der Daseinsvorsorge, z.B. kommunalen Schwimmbädern und Parkhäusern, wäre gefährdet, wenn die in diesen Bereichen entstehenden Verluste nicht vor der Ermittlung der abzuführenden Steuersumme von den Gewinnen aus rentablen Geschäften abgezogen werden könnte. Diese Verrechnungsmöglichkeit wird seit Jahren in der Fachliteratur kontrovers diskutiert. Ein Wegfall des steuerlichen Querverbunds hätte zur Folge, dass für die Daseinsvorsorge andere Finanzquellen erschlossen oder Leistungen eingeschränkt werden müssten.

Von besonderer Bedeutung ist dabei ein Urteil des Bundesfinanzhofs (BFH) vom 22. August 2007. Aufgrund der Klage einer kommunalen Holding, die eine Verrechnung der Gewinne einer Grundstücksentwicklungsgesellschaft mit den Verlusten einer Bädergesellschaft mit steuerlicher Wirkung durchsetzen wollte, hat der BFH entschieden, dass die Übernahme einer dauerdefizitären Tätigkeit durch eine Eigengesellschaft einer Kommune ohne schuldrechtlichen Verlustausgleich zumindest in Höhe der laufenden Betriebsverluste zu einer verdeckten Gewinnausschüttung an die Kommune führt. Würde dieses Urteil auf alle kommunalen Unternehmen angewandt, wäre dies das Ende des steuerlichen Querverbunds. Es ist absehbar, dass es zu einem parlamentarischen Verfahren zur gesetzlichen Verankerung des steuerlichen Querverbunds kommt. Zu welchem Ergebnis es führen wird, kann derzeit noch nicht abgeschätzt werden.

3.3.4   Klimaschutz und Ressourceneffizienz treten in den Vordergrund

In den vergangenen drei Jahren seit Beginn der Forschungspartnerschaft INFRAFUTUR hat sich die Aufmerksamkeit der Öffentlichkeit und der Politik für Klimaschutz und Ressourceneffizienz erheblich gesteigert:

• Im Herbst 2006 legte der britische Ökonom Sir Nicolas Stern die Ergebnisse einer von ihm geleiteten Arbeitsgruppe vor[4]. Der Stern Review vergleicht die Kosten des Klimawandels und damit des Nicht-Handelns im Klimaschutz mit denen des Klimaschutzes. Das Ergebnis: Die Kosten des unterlassenen Klimaschutzes sind wahrscheinlich fünf-mal und können bis zu 20-mal so hoch sein wie die des Klimaschutzes.
• Im Jahr 2007 veröffentlichte der zwischenstaatliche Ausschuss zum Klimawandel seinen vierten Auswertungsbericht[5]. Er kam zu dem Schluss, dass es einen vom Menschen verursachten Klimawandel gibt und dass seine Auswirkungen katastrophale Züge annehmen werden, wenn nicht schnell wirksam gegengesteuert wird. Notwendig sei, dass die weltweiten Treibhausgas-Emissionen bis zum Jahr 2050 mindestens halbiert werden. Für Industrieländer wie Deutschland bedeutet dies, dass sie ihre Emissionen bis zum Jahr 2020 gegenüber 1990 um 25 bis 40 Prozent und bis zum Jahr 2050 um 80 bis 90 Prozent verringern müssen.
• Die EU folgt den Vorstellungen des IPCC und hat im März 2007 beschlossen, auf jeden Fall eine Reduktion der Treibhausgase von 20 Prozent gegenüber 1990 bis 2020 verbindlich anzustreben. Wenn andere Industrieländer vergleichbare Verpflichtungen eingehen und große Schwellenländer ebenfalls Anstrengungen unternehmen, strebt die EU sogar minus 30 Prozent an. Hinzu kommen ein verbindliches Ziel, den Anteil an erneuerbaren Energieträgern in der EU bis zum Jahr 2020 auf 20 Prozent zu erhöhen und ein unverbind-liches Ziel, durch Energieeffizienz den Primärenergieverbrauch gegenüber dem Trend zwischen 2007 und 2020 um ebenfalls 20 Prozent zu verringern. Diese neuen Zielsetzungen der EU stellen wichtige neue bzw. erneuerte Rand-bedingungen insbesondere für die Energiewirtschaft dar.

Zur Umsetzung der beiden Ziele für die Reduzierung der Treibhausgase und den Ausbau der erneuerbaren Energien hat die Europäische Kommission am 23. Januar 2008 ein Paket von Gesetzgebungsinitiativen vorgelegt. Dazu gehören die Weiterentwicklung des EU-internen Emissionshandels nach 2012, die Verteilung der Treibhausgas-Emissionsminderungen in den nicht dem Emissionshandel unterworfenen Sektoren und die Verteilung des Ziels für die erneuerbaren Energien auf die Mitgliedsstaaten. Diese werden im Bereich Energieeffizienz flankiert von bestehenden Plänen und Richtlinien, deren Umsetzung angelaufen ist: dem Aktionsplan für Energieeffizienz von 2006, den Richtlinien für Endenergieeffizienz und Energiedienstleistungen, zu

---

4 Vgl. Stern (2006).

5 Vgl. IPCC (2007).

energiebetriebenen Produkten und zur Gesamtenergieeffizienz von Gebäuden sowie dem Vorschlag für die Emissionsobergrenzen von PKW ab 2012.

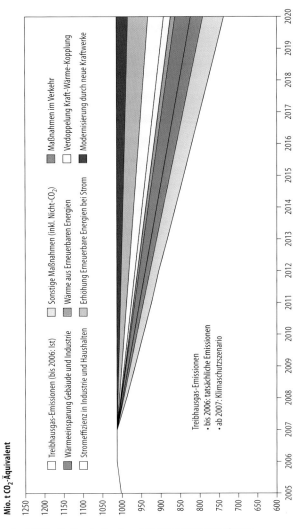

Abb. 7:   Der Acht-Punkte-Plan der Bundesregierung zum Klimaschutz (Quelle: Bundesministerium für Umwelt, Naturschutz und Reaktorsicherheit)

Die Bundesrepublik Deutschland strebt in diesem Gesamtkontext eine Minderung der Treibhausgasemissionen um 40 Prozent bis zum Jahr 2020 gegenüber 1990 an. Wie diese Minderung erreicht werden soll, hat der Bundesumweltminister im Mai 2007 in einem Acht-Punkte-Plan im Rahmen einer Regierungserklärung dargestellt (vgl. Abbildung 7).

Mit dem integrierten Energie- und Klimakonzept vom August 2007 und den ersten Gesetzesinitiativen und Umsetzungsbeschlüssen vom November 2007 hat die Bundesregierung weitere Schritte zur Konkretisierung und Umsetzung unternommen.

Mit allen diesen Beschlüssen wird deutlich: Klimaschutz ist ein Thema, das die Rahmenbedingungen insbesondere der kommunalen Energiewirtschaft in den kommenden Jahrzehnten entscheidend prägen wird.

Die Energieeffizienz auf der Nachfrage- und Angebotsseite sowie die erneuerbaren Energien sind aber nicht nur Mittel zum Klimaschutz, sondern verringern auch die Abhängigkeit von Importen fossiler Energieträger. Zudem ist Energieeffizienz aus gesamtwirtschaftlicher und Kundensicht in der Regel wirtschaftlich und kann bei entsprechenden Rahmenbedingungen auch durch kommunale Unternehmen wirtschaftlich realisiert werden. Energieeffizienz kann damit die wirtschaftlichen und sozialen Folgen des Anstiegs der Energiepreise – von 12 auf über 100 US-Dollar pro Barrel Erdöl zwischen 1998 und 2008 sowie um bis zu 25 Prozent beim Strom zwischen 1998 und 2008 – mindern und die Wettbewerbsfähigkeit der Wirtschaft verbessern. Zu letzterer trägt auch die technische und organisatorische Innovation bei, die für Energieeffizienz und die Nutzung erneuerbaren Energien erforderlich ist.

Materialeffizienz und erneuerbare Rohstoffe bieten vergleichbare Vorteile für Kostensenkung, Wettbewerbsfähigkeit und Versorgungssicherheit. Erhebliche Preissteigerungen gibt es in den vergangenen Jahren insbesondere bei Metallen.

Mit diesen Entwicklungen sind große Chancen auch für die kommunale Abfallwirtschaft verbunden. Es ist weitaus wirtschaftlicher als noch vor wenigen Jahren, Abfälle stärker getrennt zu erfassen und zu sortieren. Dies gilt insbesondere für Metalle, aber auch für Papier – z.B. mittels der blauen Tonne, für Holz und andere Rohstoffe. Die Möglichkeiten der stofflichen Verwertung haben sich besonders verbessert, aber auch die der energetischen Verwertung. Eine Erfassung der in den Infrastrukturen gebundenen Materialien kann beispielgebend für eine Kartierung von lokal erschließbaren Rohstoffen sein und damit die Grundlage für eine spätere gezielte Erschließung legen (als Teil einer Strategie des „Urban Mining").

Genauso liegen in den oben genannten Beschlüssen und Initiativen der Politik für Klimaschutz, Energieeffizienz und erneuerbare Energien große Herausforderungen, aber auch Chancen für die kommunale

Energiewirtschaft. Die wesentlichen Potenziale der Endenergieeffizienz, der Kraft-Wärme/Kälte-Kopplung und der erneuerbaren Energien sind am besten dezentral zu erschließen. Die Herausforderung liegt darin, dies für die kommunale Energiewirtschaft mit mindestens vergleichbarer Wirtschaftlichkeit und Versorgungsqualität zu bewältigen.

3.3.5   Anforderungen an die Qualität der Produkte und Dienstleistungen

In der Alltagssprache ist Qualität oft ein Synonym für Güte. Ein Produkt oder eine Dienstleistung wird daran gemessen, ob die damit verfolgten Zwecke erfüllt werden können. Dies gilt generell für alle Produkte und Dienstleistungen. Im Bereich der dezentralen Infrastrukturen ist der Zweck eine Vorleistung für Unternehmen bzw. die Versorgung bzw. Entsorgung der Bevölkerung. Dies bedeutet, dass Qualität hier nicht nur die Produkteigenschaften sowie die Prozesse bei der Angebotsbereitstellung betrifft, sondern darüber hinaus auch quantitative Aspekte wie die ausreichende Verfügbarkeit und den diskriminierungsfreien und bezahlbaren Zugang. Alle drei Gesichtspunkte sind auch Teil des Wertesystems, mit dem die kommunale Daseinsvorsorge verbunden ist. Hinzu kommen aktive und umfassende Beiträge zum Ressourcen- und Klimaschutz, aber auch zur Gesundheit von Arbeitnehmer(inne)n und Bevölkerung sowie zur Transparenz von Entscheidungen und von Abrechnungen. Dies stärkt nicht nur die Zufriedenheit mit der Leistung, sondern ermöglicht auch die Teilhabe an der Entscheidung über die örtlichen Belange der Daseinsvorsorge.

Beispielsweise bedeutet dies in der Sparte Abfall, dass Verpackungsabfall so entsorgt werden sollte, dass einerseits die Abfälle tatsächlich verwertet und nicht trickreich illegal entsorgt werden. Andererseits sollte die Logistik so gestaltet sein, dass der Inhalt von Müllsäcken nicht witterungsbedingt auf den Straßen und Wegen landet und dann von den Anwohnern oder der Kommune weggeschafft werden muss. Beim Hausmüll ist es z.B. wichtig, dass es Serviceangebote für alte und kranke Menschen gibt, die nicht in der Lage sind, ihre Mülltonnen an der richtigen Stelle korrekt ausgerichtet zu platzieren. Es geht nicht um eine möglichst gewinnbringende Organisation der Müllabfuhr, sondern um die Sicherstellung einer hohen Qualität der Entsorgung. Bei in Haushalten anfallenden Spezialabfällen kommt es deshalb z.B. auch darauf an, dass die Sammelstellen auch für nicht-motorisierte Bürger(innen) erreichbar sind.

In den Bereichen Wasserver- und Abwasserentsorgung geht es um mehr als um den Transport von Frisch- oder Abwasser. Es geht auch um Gesundheitsvorsorge und Lebensqualität (z.B. durch vermiedene Geruchsbelästigung oder die Möglichkeit, in fließenden Gewässern trotz Abwassereinleitung zu baden). Dabei geht es nicht um die

Anwendung von einheitlichen technischen Lösungen, die zur Amortisation des eingesetzten Kapitals beitragen, sondern um das Erreichen des nötigen Qualitätsniveaus mit angepassten Lösungen. Die in einigen Ländern praktizierte Lieferung von qualitativ schlechtem Trinkwasser bei gleichzeitigem Angebot zur Belieferung mit abgefülltem Flaschenwasser entspräche nicht dem Qualitätsanspruch von Unternehmen der kommunalen Daseinsvorsorge.

In der Energiesparte kommt es nicht nur auf die Lieferung von Energieträgern an, sondern auch auf deren unterbrechungsfreie Organisation (und zwar nicht nur in Bezug auf eine möglichst geringe Unterbrechungsdauer, sondern auch hinsichtlich der Konsequenzen einer Störung und deren zeitliche Verteilung). Immer wichtiger werden aber auch Konzepte, nicht Energieträger zu liefern, sondern auf die tatsächlichen Bedürfnisse wie warme und helle Räume oder die Kühlung von Lebensmitteln abzustellen und hierbei möglichst ressourcen- und klimaschonend vorzugehen.

In allen drei Bereichen ist es wichtig, dass die kommunale Daseinsvorsorge ein Gegengewicht zu Unternehmen mit hohem Renditeanspruch bildet. Sie kann dann nicht nur das Gefühl vermitteln, dass die angemessenen Preise bzw. Gebühren der Region und den darin lebenden Menschen zugute kommen. Sie kann auch mehr Transparenz in die Preisbildung bringen sowie das Verständnis für den Zusammenhang von eigenem Handeln der Bürger(innen) und Kosten bzw. Kostenersparnis bei der Infrastruktur stärken.

Diese besonderen Qualitätsansprüche korrespondieren mit der Beschreibung des jeweiligen Unternehmenszwecks, der bei kommunalen Unternehmen integrativ wirtschaftliche und öffentliche Zwecke abdecken sollte. Diese und ähnliche Überlegungen sind in die Formulierung der Unternehmensziele (Mission Statement, Werte und mittelfristige Zielsetzung) eingeflossen. Unterschiede können sich u.a. dadurch ergeben, dass die Grundausrichtung der Unternehmen verschieden sein kann. Deshalb wurden drei Unternehmenstypen abgegrenzt und untersucht.

3.4 Betrachtung von drei Grundtypen der Unternehmensausrichtung

Die Entwicklung und die Entwicklungschancen der kommunalen Unternehmen hängen nicht nur von externen Faktoren ab, sondern zu einem wesentlichen Teil auch davon, wie sie sich selbst positioniert haben. Um die Einflüsse eigener grundsätzlicher Unternehmensausrichtungen berücksichtigen zu können, sie zugleich aber noch handhabbar zu gestalten, haben wir der Untersuchung **drei idealtypische Grundausrichtungen** eines kommunalen Infrastrukturunternehmens zugrunde gelegt und diese jeweils mit einer zentral organisierten Ver- bzw. Entsorgungsstruktur in Beziehung gesetzt.

Als **Vergleichstyp des profitorientierten Wettbewerbsunternehmens** wird den drei dezentralen Grundoptionen eine zentral organisierte Strategieoption ohne lokalen Bezug gegenüber gestellt. Für diesen Unternehmenstyp hat die Gewinnerzielung höchste Priorität. Von der jeweiligen Kommune oder von Kund(inn)en gewünschte Aufgaben werden nur übernommen, wenn eine Steigerung der Rendite oder des Ansehens zu erwarten sind oder eine vertragliche Verpflichtung besteht. In der Regel wird dabei darauf geachtet, dass die über die eigene Angebotsplanung hinaus gehenden Aktivitäten zusätzlich vergütet werden. Das Unternehmen agiert unter Wettbewerbsbedingungen. Dabei ist es frei, sich nur die „Rosinen" der leicht zu versorgenden Gebiete bzw. der gewinnträchtigsten Geschäftsbereiche herauszupicken (oder sich auf solche Gebiete zurückzuziehen), die mit den internen Renditezielen vereinbar sind.

Für die Untersuchung im Rahmen von INFRAFUTUR haben wir die folgenden drei Varianten einer dezentralen Infrastrukturpolitik unterschieden:

- Der „kommunale Netzbetreiber" bzw. „kommunale Konzessionsinhaber" bzw. „mit hoheitlichen Funktionen Beauftragte" (die Bezeichnung hängt von der untersuchten Branche ab; in der Abfallsparte wird er als „kommunaler Logistiker" bezeichnet) verfügt über einen Monopolbereich (z.B. in den leitungsgebundenen Infrastrukturbereichen die jeweiligen Netze), im Abfallbereich teilweise mit Anschluss- und Benutzungszwang. Das ggf. zeitlich begrenzte Monopol wurde ihm als Konzession oder hoheitliche Aufgabe übertragen. Dadurch, dass bestimmte Wertschöpfungsstufen von diesem Typ kommunaler Unternehmen nicht abgedeckt werden, sind seine Möglichkeiten, soziale und ökologische Verantwortung zu tragen, reduziert. Trotz Monopolstellung besteht aber sowohl ein hoher Qualitätsanspruch als auch die Orientierung an den im kommunalen Entscheidungsprozess formulierten und beschlossenen Interessen der Bürgerinnen und Bürger. Getrenntsammlung oder Energieeinsparberatung sind daher Beispiele für die Möglichkeiten dieses Grundtyps.
- Der „kommunale Komplettdienstleister" bietet zusätzlich zu den hoheitlichen Aufgaben bzw. konzessionierten Tätigkeitsfeldern weitere Aktivitäten in der Wertschöpfungskette und darüber hinaus neu entwickelte Dienstleistungen an. Dies können z.B. die Wassergewinnung und -aufbereitung und/oder die Abwasserbehandlung sein oder die Erzeugung von Strom und Wärme und die Realisierung von Energieeffizienzmaßnahmen bei den Kundinnen und Kunden durch Einspar-Contracting. Im Entsorgungsbereich wären beispielhaft die Sortierung und Behandlung von Hausmüll, die Erzeugung und der Vertrieb von Energie bei der Müllverbrennung zu nennen, aber auch die Entsorgung von DSD-Abfall oder von Gewerbemüll (einschl. spezieller Entsorgungskonzepte für heimische Unternehmen). Darüber hinaus kann ein ganzes Spektrum weiterer Dienstleistungen entwickelt und angeboten werden (z.B. die Untersuchung von Anschluss- und/oder Abflussleitungen auf den Grundstücken der Kundinnen und Kunden,

die Koordinierung von Sanierungsmaßnahmen bei Leitungen und energetisch relevanten Gebäudeteilen, die Errichtung und/oder Betriebsführung von privaten Anlagen). Im Zielkatalog des Unternehmens hat die Sicherstellung der kommunalen Daseinsvorsorge mit hohen Ansprüchen an Qualität und Service einen hohen Stellenwert. Der Schwerpunkt liegt dabei im angestammten Gebiet, in der Regel also in der eigenen Kommune.

- Das **„in andere Regionen expandierende kommunale Unternehmen"** ist in der eigenen Kommune der „Platzhirsch" und bietet außerhalb dieser rentable Dienstleistungen auf der Basis seiner lokalen/regionalen Stärken an. Dies kann z.b. durch die Übernahme von Netzen oder der Betriebsführung von kommunalen Unternehmen oder durch strategische Unternehmensbeteiligungen geschehen. In den Märkten der Strom-, Gas- und Wärmeversorgung findet bereits ein – auch interkommunaler – Wettbewerb um Endkunden in den jeweiligen Netzgebieten statt. Auch hieraus können sich vertriebliche Kooperationsformen ergeben, indem Stadtwerke z.B. einen einheitlichen Marktauftritt konzipieren. Dies entspricht sowohl einer Stärkung des gesetzlichen Leitbildes von Wettbewerb, wie auch der politisch gewollten Verringerung oligopolistischer Marktmacht. Das in andere Regionen expandierende Unternehmen positioniert sich in der eigenen Kommune in der Regel als Komplettdienstleister. In anderen Kommunen bietet es – gestützt auf die eigenen Kernkompetenzen – zu Konditionen an, die eine mindestens so hohe Rentabilität ergeben wie Geschäfte in der eigenen Kommune. Zu den Kernkompetenzen gehört auch ein überdurchschnittliches Verständnis für kommunale Entscheidungsabläufe und Aufgabenstellungen der kommunalen Daseinsvorsorge. Deshalb kann das Unternehmen im Fall des Wettbewerbs um Konzessionen als Teil der „kommunalen Familie" auftreten. Die Expansion in andere Regionen bietet darüber hinaus die Möglichkeit zur besseren Auslastung der eigenen Kapazitäten (und damit zu einer Erhöhung der Gesamtrendite).

3.5 Spartenuntersuchungen anhand von SWOT-Analysen

Den Kern der Untersuchungen in den Sparten bildet jeweils eine sehr aufwändig durchgeführte SWOT-Analyse, die von der Struktur her zwischen den Sparten vergleichbar ablief. Deren Einbettung in den Gesamtzusammenhang der Untersuchungen im Rahmen der Forschungspartnerschaft INFRAFUTUR zeigen Abbildung 3 (Kapitel 3.2.2) und Tabelle 2.

	Aufgabe	Ergebnis
1	Diskussion von Zielen und Werten (öffentlicher Zweck/Nutzen)	Vorläufiges Mission Statement
2	Formulierung der mittelfristig angestrebten Marktposition (bzw. Position im Marktsegment) oder bei der kommunalen Aufgabenerfüllung	Strategische Grundorientierungen von Eigentümern und Management
3	Entwicklung von drei Grundtypen der Unternehmensausrichtung	Abgrenzung von Grundtypen (auf Leitbildern gegründet)
4	Ermittlung von Zielbereichen und Indikatorfeldern für die Perspektiven der Balanced Scorecard und Entwicklung einer Strategy Map	Liste der Stärken und Schwächen kommunaler Unternehmen: **Zeilen der SWOT-Tabellen**
5	Ermittlung der relevanten externen Faktoren und Betrachtung identifizierbarer Trends bei Schlüsselfaktoren	Szenarien (Spiel der Marktkräfte, Trend, Nachhaltigkeit)
6	Herausfiltern, Gewichten und Bewerten von relevanten Einflussgrößen auf kommunale Infrastrukturunternehmen	Liste der Chancen und Gefahren: **Spalten der SWOT-Tabellen**
7	Er- und Bearbeitung der SWOT-Tabellen (in jeder betrachteten Sparte eine Tabelle pro Grundtyp)	Ermittlung der besonders relevanten Knotenpunkte von Stärken/Schwächen mit Chancen/Gefahren
8	Formulierung von Handlungsoptionen (interne und externe Aktions- bzw. Reaktionsmöglichkeiten)	Ergebnis der SWOT-Analyse: **Liste der relevanten Handlungsoptionen**
9	Einbeziehung von möglichen Synergieeffekten, Systematisierung der Handlungsoptionen, Einbeziehen internationaler Erfahrungen, Rückkopplung mit Zieldiskussion	Zuordnung zu Strategiefeldern, endgültige Formulierung von Mission Statements
10	Strategieentwicklung	Zusammenstellung konsistenter Strategiepfade und -elemente
11	Herausarbeitung von externen und internen Umsetzungsbedingungen	**Strategieempfehlungen**

Tab. 2:   Schritte der SWOT-Analyse (schattiert) und der Strategieentwicklung bei INFRAFUTUR (eigene Darstellung)

Die **Methode der SWOT-Analyse** (SWOT steht für Strengths-Weaknesses-Opportunites-Threats, deutsch hier als Stärken-Schwächen-Chancen-Gefahren übersetzt) gehört zu den gebräuchlichsten Managementmodellen schlechthin. Sie ist ein hervorragendes Werkzeug, um die aktuellen Stärken und Schwächen eines (tatsächlichen oder typisierten) Unternehmens den Chancen und Gefahren gegenüberzustellen, die sich aus den künftigen Entwicklungen ergeben. Bei der internen Analyse werden die Stärken und Schwächen des Unternehmens untersucht, die sich in der Vergangenheit herausgebildet haben. Es werden allenfalls die bereits eingeleiteten und kurzfristig wirksamen Maßnahmen einbezogen. Die externe Analyse bezieht sich auf solche Zukunftszustände, deren Eintreten außerhalb des Einflussbereichs des betrachteten Unternehmens liegt. Deshalb ist beispielsweise die Entwicklung neuer Produkte oder der Einsatz neuer Produktionstechniken durch das Unternehmen keine Chance, sondern u.U. Ergebnis der eigenen Innovationskraft (und insofern als Stärke zu sehen). Demgegenüber sind neu entwickelte Produkte der Wettbewerber bzw. das Aufkommen von Substitutionsprodukten oder neue Produktionsmethoden, die von der Konkurrenz eingesetzt werden, als Gefahren zu sehen. Dabei kommt es allerdings darauf an, dass bei der Untersuchung die einzelnen Bereiche strikt voneinander getrennt und richtig zugeordnet werden. Eine Ausnahme von der strikten Trennung zwischen eigener und externer Bestimmbarkeit stellen Kooperationen dar. Sie können nicht ohne eigenes Zutun zustande kommen, ebenso aber auch nicht ohne Mitwirkung der potenziellen Partner. Deshalb können Kooperationen sowohl im Bereich der Stärken und Schwächen als auch bei den Chancen und Gefahren eine Rolle spielen.

Im Vergleich zu konventionellen SWOT-Analysen wurde ein hoher Aufwand für alle Beteiligten betrieben. Er entstand sowohl bei der umfassenden Vorbereitung der Inhalte der Zeilen und Spalten der SWOT-Tabelle als auch bei der Auswahl der relevanten Knotenpunkte und der Herausarbeitung der möglichen Handlungsoptionen:

• Den Ausgangspunkt der Betrachtung stellte die Formulierung der angestrebten Ziele dar. Dies geschah dadurch, dass für jeden Grundtyp in jeder untersuchten Sparte ein vorläufiges Mission Statement erarbeitet wurde. Darin ist jeweils – und hier liegt ein klares Unterscheidungsmerkmal zu privaten Unternehmen vor – nicht nur der wirtschaftliche Zweck des Unternehmens formuliert worden, sondern auch der öffentliche Zweck. Gemeinsam mit den Werten ergibt dies das Leitbild, das in dem typisierten Unternehmen handlungsleitend sein sollte.
• Hinzu kommt die mittelfristig angestrebte Position des Unternehmens im jeweiligen Markt bzw. Marktsegment oder in der kommunalen Aufgabenerfüllung (Vision). Dadurch wird die strategische Grundorientierung von Eigentümern und Management bestimmt.
• Diese Grundorientierung prägte in jeder Sparte die drei Leitbilder der Unternehmensausrichtung für typisierte kommunale Infrastrukturunternehmen, die gut und logisch voneinander abgegrenzt werden konnten. Dies geschah anhand von Kriterien, die für die Anwendung der Leitbilder im unternehmerischen Handeln von besonderer Bedeutung sind.

3.5.1   Balanced Scorecard als Grundlage für die Ermittlung von Stärken und Schwächen

Auf Kaplan und Norton geht die Idee eines auf den **Strategien** des Unternehmens beruhenden Kennzahlensystems zurück, das finanzielle und nicht-finanzielle Zielsetzungen ausbalanciert und die Strategieumsetzung unterstützt. Dieses Managementwerkzeug, bei dem die Perspektiven von Eigentümern, Management, Kundschaft und Beschäftigten erfasst werden, und das in den vergangenen 15 Jahren erheblich verfeinert wurde, haben sie Balanced Scorecard genannt[6].

Am Anfang der internen Unternehmensanalyse stand die Ermittlung von Zielbereichen und Indikatorfeldern. Sie wurden anhand der vier Bereiche einer speziell für die Unternehmen der kommunalen Daseinsvorsorge erarbeiteten Balanced Scorecard entwickelt. Es ist sicher ungewöhnlich, die Zeilen der SWOT-Tabelle anhand einer Balanced Scorecard abzuleiten. Der Grund für diese aufwändige Vorgehensweise lag darin, dass bei kommunalen Unternehmen im Vergleich mit privaten Unternehmen erhebliche Unterschiede bei den verschiedenen Aspekten der Balanced Scorecard bestehen. Dies gilt insbesondere für die Doppelrolle der Kommunen als Anteilseigner und Repräsentant der öffentlichen Willensbildung. Aber auch die lokale Bevölkerung und die lokalen Unternehmen haben eine Doppelrolle: Sie bestimmen einerseits die Nachfrage nach den Produkten des kommunalen Unternehmens. Andererseits nehmen sie über die Politik Einfluss auf dessen Angebotsgestaltung. Aufgrund der großen Bedeutung dieser Vorgehensweise für den Untersuchungsverlauf ist die Sparten übergreifende Tabelle 3 hier als Beispiel für die einbezogenen Aspekte dokumentiert.

Die Balanced Scorecard wurde bei dieser Untersuchung somit nicht erst bei der Umsetzung einer entwickelten Strategie genutzt, sondern bereits im Vorfeld der Strategieentwicklung als Basis für die interne Unternehmensanalyse. Die Partnerunternehmen von INFRAFUTUR haben sich dabei einer sehr intensiven Untersuchung unterzogen – und zwar nicht nur der tatsächlichen oder potenziellen Stärken, sondern auch und gerade der Schwächen. Die Entwicklung der Stärken und Schwächen erfolgte mittels Potenzial- und Konkurrenzanalysen:

- Während bei der Potenzialanalyse die im Unternehmen vorhandenen Ressourcen (insbesondere das Personal und dessen Kompetenzen) im Mittelpunkt stehen,
- wird bei der Konkurrenzanalyse auf die Kund(inn)enbeziehungen sowie auf die Wirtschaftsbeziehungen zu Vorlieferanten und Kooperationspartnern abgestellt.

---

6 Zu den methodischen Grundlagen und zur Anwendung der Balanced Scorecard vgl. Horváth&Partners (2004), Jossé (2005), Kaplan/Norton (1997), dieselben (2004), Kerth u.a. (2007) und Waniczek/Werderits (2006).

• Durch die Verbindung beider Analysen werden die Stärken und Schwächen sowohl im Innenverhältnis als auch bei den Außenkontakten deutlich.

Mit den bisher beschriebenen Vorarbeiten wurden die Zeilen der SWOT-Tabellen vorstrukturiert. Dadurch konnten Stärken und Schwächen des jeweiligen Grundtyps der Unternehmensausrichtung ermittelt, bewertet und gewichtet werden. Die wichtigsten davon wurden für die Ermittlung der Knotenpunkte der SWOT-Tabelle ausgewählt.

Perspektive von kommunalen (und ggfs. privaten) Eigentümern, Perspektive des Treuhänders für Bürger(innen)

Wertbeitrag für Eigentümer und Treuhänder

Finanzziele (kurz- und langfristig)	lokale/regionale Entwicklung	Lebensqualität/ Risikovermeidung	gesellschaftlicher Beitrag
Verzinsung des eingesetzten Kapitals (kurz- und langfristig), Beitrag zum Kommunalhaushalt, Substanzerhalt der erforderlichen Anlagenkapazitäten/ nachhaltige Erfüllung der Aufgabe, Sicherung der Liquidität, Verbesserung der Kostenstruktur, Synergien bei der Zusammenarbeit mit der Kommune und anderen kommunalen Unternehmen	Beitrag zur lokalen/regionalen Qualifizierung, Beitrag zum lokalen/regionalen Arbeitsmarkt, Beitrag zur regionalen Wertschöpfung, Beitrag zur Verbesserung der regionalen Mobilität, Beitrag zur Verringerung des Kostenrisikos bei den Kunden, Ausweitung von Absatzmöglichkeiten	Beitrag zur Gesundheit in der Region, Beitrag zur lokalen/regionalen Lebensqualität, Beitrag zur Verringerung von Unfallrisiken, Beitrag zur Verringerung des allgemeinen Ver-/Entsorgungsrisikos, Beitrag zum Klima- und Ressourcenschutz, Beitrag zur Sicherheit und öffentlichen Ordnung sowie Katastrophenbewältigung	Beitrag zur Identifikation der Bürger(innen) mit der Kommune, Beitrag zum multikulturellen Verständnis, Beitrag zur Verbesserung der Geschlechterverhältnisse, Beitrag zur Generationengerechtigkeit, Beitrag zur internationalen Zusammenarbeit, Beitrag zum sozialen Ausgleich

Kundenperspektive – Kundenwertbeitrag

Preis Qualität Nachhaltigkeit Verfügbarkeit Auswahl Funktionalität Service Kundenbeziehung Image (Marke)

Interne Prozessperspektive			
Logistikprozesse	**Kund(inn)en-managementprozesse**	**Innovationsprozesse**	**rechtliche Vorgaben gesellschaftliche Verantwortung**
Beschaffung, Produktion, Lager, Vertrieb, Transport (Waren u. Personen), finanzielles Risikomanagement, I+K-Technologien in der Wertschöpfungkette	Kundenauswahl, Akquisition, Kundendifferenzierung, Stammkundenbindung, externe Kommunikation, Cross Selling, Verkauf von Lösungen, Partnerschaften mit Kund(inn)en	F&E-Aktivitäten, Produktentwicklungen, Markteinführungen, Wissensmanagement Kund(inn)enbedürfnisse, F&E-Partnerschaften	Verursachte Umweltschäden, Umweltrisiken, Vermeidungsaktivitäten, Beschäftigung, Arbeitssicherheit, Gesundheit, Gender Mainstreaming

Lern- und Entwicklungsperspektive			
Humankapital			
Kompetenzen und Personalentwicklung (einschl. Qualifizierung)	Arbeitszufriedenheit und Engagement	Halten von Leistungsträgern	Attraktivität für qualifizierte Arbeitskräfte von außen
Informationskapital			
Support extern	Existenz von internen und externen IT-Netzwerken	Existenz sowie Aktualität von internen Datenbanken, Zugang zu externen Datenbanken	Ausstattung mit und Aktualität von Hard- und Software
Organisationskapital			
Unternehmenskultur Identifizierung	Unternehmensführung (aktuelles Management und Nachwuchs)	Ausrichtung auf Strategie und Durchdringung	Teamfähigkeit, Kooperation mit Gremienmitgliedern, Verwaltung und gesellschaftlichen Gruppen

Tab. 3:   Aus einer Balanced Scorecard entwickelte Strategy Map für ein kommunales Infrastrukturunternehmen (eigene Darstellung).

Sowohl bei der Potenzial- als auch bei der Konkurrenzanalyse wurde
ein Vergleich mit einem zentral agierenden Konzernunternehmen vorgenommen. Die nachfolgende Abbildung 8 ermöglicht eine Übersicht
über die wichtigsten Stärken.

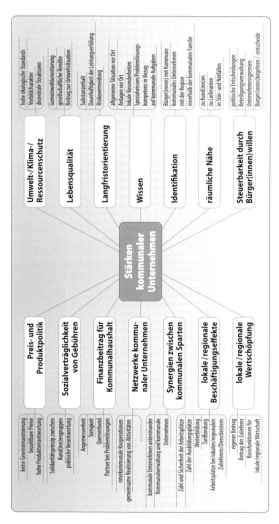

Abb. 8:   Stärken kommunaler Unternehmen (eigene Darstellung)

3.5.2   Szenarien als Grundlage für die Ermittlung von Chancen und Gefahren

Zusätzlich zur internen Unternehmensanalyse ist auch die Entwicklung externer Faktoren und die Chancen und Gefahren, die sich aus dieser Entwicklung ergeben, von Bedeutung. Ausgangspunkt dafür waren projektive Szenarien, deren relevante Bereiche die Trends in der jeweiligen Spartenentwicklung bestimmen. Diese Szenarien sind qualitative, konsistente Darstellungen der Entwicklung externer Faktoren in den kommenden zehn Jahren. Es handelt sich hierbei nicht um quantitative Projektionen möglicher Zukünfte.

Drei konsistente Szenarien wurden parallel in jeder Sparte erarbeitet:

Szenario 1:
Trendentwicklung von Märkten und staatlich festgelegten Rahmenbedingungen: Es ergaben sich durchaus gegenläufige Trends in den Bereichen Wettbewerb und Ökologie. Hinzu kommt, dass Politik und Verwaltung inkonsistent handeln und zudem zwischen den Bundesländern sowie zwischen einzelnen Kommunen große Unterschiede in den Entwicklungspfaden möglich sind.

Szenario 2:
Umorientierung der Marktprozesse durch Umsetzung einer konsequenten Nachhaltigkeitspolitik: Als Antwort auf ökologische und andere Erfordernisse, z.B. drohende Rohstoffkrisen, werden die verschiedenen Politikfelder konsequent umorientiert, um den Erfordernissen des Ressourcenschutzes Rechnung zu tragen. Hinzu kommt, dass auch die erforderlichen Umsetzungsbedingungen geschaffen werden (z.B. durch Absicherung der Tätigkeit von kommunalen Unternehmen im Kommunal- und Steuerrecht – sowohl unter dem Gesichtspunkt der Unterstützung als notwendige Marktpartner für lokale/regionale ökologische Prozesse als auch als notwendige Wettbewerber gegenüber Konzernunternehmen). Wo es Wettbewerb gibt, wird er ökologisch und sozial verantwortlich gestaltet und rechtlich abgesichert.

Szenario 3:
Spiel der Marktkräfte durch Rückzug des Staates: Liberalisierung, Privatisierung und allgemeine Deregulierung (bei gleichzeitig verschärfter Regulierung bei Fehlen von Wettbewerb) sind handlungsleitend. Das Politik- und Verwaltungshandeln (einschließlich der Aufsichts- bzw. Kontrolleinrichtungen) ist darauf gerichtet, die Preise und Gebühren als Inputpreise für Unternehmen und Bestimmungsfaktor der verfügbaren Einkommen der privaten Haushalte zu senken. Der Instrumenteneinsatz erfolgt konsistent (z.B. wird das Bemühen, mögliche Öffnungen der Märkte für private Unternehmen umzusetzen, ergänzt durch Privatisierungen sowie Beschränkungen für die Wirtschaftstätigkeit von kommunalen Unternehmen im Kommunalrecht und durch die Praxis der Kommunalaufsicht). Die Intensivierung des internationalen Wettbewerbs geht einher mit der Verringerung der Zahl der inländischen Anbieter.

In allen drei Szenarien waren anhand von acht Schlüsselfaktoren die relevanten Handlungsebenen zu unterscheiden (von der lokalen bis zur internationalen) sowie die unternehmensnahe und die Makro-Umwelt der Geschäftstätigkeit. Daraus wurden die drei oben genannten Szenarien formuliert (Spiel der Marktkräfte durch Rückzug des Staates, Trendentwicklung von Märkten und staatlich festgelegten Rahmenbedingungen, Umorientierung der Marktprozesse durch Umsetzung einer konsequenten Nachhaltigkeitspolitik). Sie bilden in der jeweiligen Sparte die maximale Bandbreite der unterstellten Zukunftsentwicklungen ab und damit zugleich auch das Spannungsfeld von Wettbewerb und Klimaschutz/ Ressourceneffizienz, in dem die Qualität der Dienstleistung möglichst gehalten oder verbessert werden sollte.

Die aus den Szenarien ableitbaren Chancen und Gefahren für die kommunalen Unternehmen wurden identifiziert, bewertet, gebündelt und gewichtet. Sie wurden dann – unabhängig von den Szenarien, aus denen sie entwickelt wurden – in die SWOT-Tabellen eingetragen, so dass eine große Zahl an Knotenpunkten mit den Stärken und Schwächen entstanden ist.

In jeder Sparte wurden drei SWOT-Tabellen erarbeitet: eine Tabelle für jeden der drei Grundtypen der Unternehmensausrichtung (vgl. Kapitel 3.4). Zusammen mit den internationalen (und auch nationalen) Erfahrungen mit der Liberalisierung/Deregulierung sowie der möglichen Synergien durch eine verstärkte Kooperation zwischen den Sparten der kommunalen Wirtschaft (diese Auswertung erfolgte in getrennten Untersuchungen) mündeten die Ergebnisse der SWOT-Analysen in die Strategieentwicklung.

Die Bearbeitung der Tabellen erfolgte im Wuppertal Institut, die erforderlichen Bewertungen und Gewichtungen wurden gemeinsam mit den Partnern vorgenommen. Daraus entstanden umfangreiche Tabellen mit einer Vielzahl an Knotenpunkten (das sind die Felder in der SWOT-Tabelle, in denen die einzelne Stärke bzw. Schwäche mit der einzelnen Chance bzw. Gefahr zusammen trifft). Für die davon als besonders relevant angesehenen Knotenpunkte wurden anschließend anhand eines vorbereiteten (und mit den Partnern abgestimmten) Schemas jeweils Handlungsoptionen entwickelt.

Wichtig sowohl für die Erstellung der SWOT-Tabellen als auch für die Interpretation der Ergebnisse war, dass externe Entwicklungen unabhängig vom Grundtyp der Unternehmensausrichtung zu ermitteln waren. Deshalb war es – anders als bei der internen Analyse – hier nicht sinnvoll, zwischen den jeweils drei Grundtypen zu unterscheiden. Denn die möglichen Zukunftszustände als Ergebnis von extern determinierten Faktoren sind selbstverständlich für alle drei Grundtypen gleich. Dies ermöglichte, die Effekte unterschiedlicher Unternehmensausrichtungen zu identifizieren.

4 Exemplarische Ergebnisse der SWOT-Analysen: Knotenpunkte und Handlungsoptionen

Aus der großen Zahl an Ergebnissen, die im Rahmen der SWOT-Analyse gewonnen werden konnten, werden nachfolgend einige beispielhaft vorgestellt. Die Darstellung erfolgt anhand der drei untersuchten Sparten. Es werden **Handlungsoptionen** vorgestellt. Dies sind allerdings keine Handlungsempfehlungen (siehe Kap. 6).

Knotenpunkte   **Handlungsoptionen**

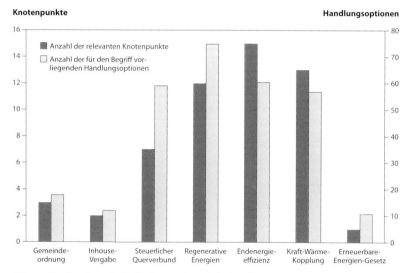

Anzahl der relevanten Knotenpunkte
Anzahl der für den Begriff vorliegenden Handlungsoptionen

Abb. 9:   Hauptansatzpunkte für Handlungsoptionen in der Energiesparte
(eigene Darstellung)

4.1 Sparte Energie

In Anbetracht der Entwicklungen im Energiebereich wurden für kommunale Infrastrukturunternehmen insgesamt 60 Knotenpunkte (von insgesamt über 3.000 identifizierten Knotenpunkten) als besonders relevant identifiziert. Bei der Auswahl dieser Knotenpunkte lag das Ziel zugrunde, dass die wichtigsten und möglichst unterschiedlichen Chancen / Gefahren / Stärken / Schwächen berücksichtigt werden, damit die zentralen Handlungsoptionen angesprochen werden können und möglichst wenig Redundanzen vorkommen. Dabei zeigte sich, dass die

Themenfelder wie Gemeindeordnung, Inhousevergabe und steuerlicher Querverbund sowie Ausbau der regenerativen Energien, Maßnahmen zur Steigerung der Endenergieeffizienz und dezentrale Kraft-Wärme-Kopplung die Hauptansatzpunkte für unternehmerische bzw. branchenspezifische Handlungsoptionen darstellen. Auch bei einer Auswertung der dazugehörigen rund 500 Handlungsoptionen wird die Bedeutung der genannten Themenfelder bestätigt, wie Abbildung 9 belegt. Darin sind die wichtigsten Themenfelder als Hauptansatzpunkte für Handlungsoptionen zusammengestellt.

Bei einer inhaltlichen Analyse der Knotenpunkte und der dazugehörigen Handlungsoptionen zeigt sich, dass die kommunale Wirtschaft vor allem aus der langfristigen ökonomischen Perspektive des kommunalen Eigentümers und der Bürgerinnen und Bürger zahlreiche Vorteile bietet, die in der öffentlichen Diskussion häufig nicht wahrgenommen werden. Die in der Sparte Energie ausgewählten Knotenpunkte geben deutliche Hinweise darauf, dass technische, wirtschaftliche, wettbewerbliche und umweltpolitische Entwicklungen und deren Chancen frühzeitig erkannt werden können und (positive wie negative) Auswirkungen auf die kommunale Wirtschaft antizipierbar sind. Dementsprechend ließ sich eine Vielzahl von Handlungsoptionen entwickeln, die geeignet sind, die Chancen und Stärken von kommunalen Unternehmen noch deutlicher in das unternehmerische Handeln einzubinden. Auf der anderen Seite beziehen sich viele Handlungsoptionen auf die Aufgabe, unternehmerische Schwächen zu beseitigen und/oder von außen drohende Gefahren abzuwehren.

Angesichts der zu bewältigenden Herausforderungen wie Änderung der rechtlichen Rahmenbedingungen, demographischer Wandel, Marktentwicklungen, Klimaschutz sowie aufgrund aktueller auf die kommunale Versorgungswirtschaft wirkender Themen wie Gemeindeordnung (und Zulässigkeit wirtschaftlicher Betätigung), Einschränkung von Inhouse-Vergaben und die Infragestellung des steuerlichen Querverbundes, sind entsprechende Handlungsoptionen formuliert worden. Dabei werden Möglichkeiten erörtert, wie von den kommunalen Energieunternehmen ein öko-effizienter und qualitätsorientierter Entwicklungspfad beschritten werden kann, der die komparativen Stärken dezentraler Infrastrukturen im Wettbewerb besser zur Geltung bringt. Die Handlungsoptionen zeigen, dass Stadtwerke aufgrund ihrer traditionellen Einbindung in das örtliche Geschehen in enger Verknüpfung mit den kommunal- und regionalwirtschaftlichen Zielsetzungen (z.B. Standort- und Wohnortqualität, regionaler Arbeitsmarkt) gemeinsam mit den örtlichen Marktpartnern (z.B. Handwerksbetrieben) viele wirtschaftliche und marktfähige Geschäftsfelder ausbauen oder erschließen können. Diese beziehen sich vor allem auf die stärkere Nutzung regenerativer Energien, die Ausschöpfung der vorhandenen Endenergieeffizienzpotenziale und den Ausbau der dezentralen Kraft-Wärme-Kopplung. Dabei sind die Ziele einer nachhaltigen Entwicklung (unter Berücksichtigung ökonomischer, ökologischer und sozialer Belange) wichtige Leitplanken für die zukunftsfähigen Perspektiven dezentraler Infrastrukturen.

Aus der Vielzahl der im Rahmen der SWOT-Analyse herausgefundenen Knotenpunkte und den daraus abgeleiteten Handlungsoptionen hat sich außerdem herauskristallisiert: Ein kennzeichnendes Merkmal für künftige Entwicklungspfade der Energieversorgung ist der technische Wandel und Fortschritt bei den Energieumwandlungs- und -verteilungstechniken sowie bei der Endenergieeffizienz. So wird die Energieversorgung der Zukunft zunehmend durch dezentrale Techniken bestimmt sein, welche die örtlichen Potenziale ausschöpfen, hocheffizient die eingesetzten Energieträger in Wärme und/oder Strom umwandeln, deutlich stärker die verbrauchsnahen Möglichkeiten von regenerativen Energien nutzen und damit insgesamt einen größeren Beitrag zur CO_2-Reduktion und damit zum Klimaschutz leisten. Auf der Anwendungsseite können durch den Einsatz moderner Effizienztechniken im Strom- und Wärmebereich hohe Einsparungen erzielt werden. Nah am Verbrauch agierende Unternehmen wie Stadtwerke sind geradezu prädestiniert, diese großen Potenziale im Zuge von Effizienzinitiativen auszuschöpfen. Die Handlungsoptionen tragen diesem komparativen Vorteil Rechnung und präzisieren die Möglichkeiten von kommunalen Unternehmen. Eine parallele Detailuntersuchung zeigte, dass bei entsprechenden Rahmenbedingungen ein Engagement der Stadtwerke für Endenergieeffizienz bei ihren Kund(inn)en mit wirtschaftlichen Vorteilen verbunden ist.

Ein Blick auf die Bereiche, denen die Handlungsoptionen zugeordnet sind (siehe nachfolgendes Schaubild), ergibt, dass bei den Handlungsoptionen vor allem die internen Möglichkeiten eine Rolle spielen (rund 70% gegenüber rund 30% externen Möglichkeiten). Dabei fällt auf, dass die Bereiche Produktentwicklung (rund 20%) und Prozesse (rund 24%) die Hauptaktivitätsfelder für kommunale Energieunternehmen sind. Das heißt, Stadtwerke haben für die Gestaltung ihrer Zukunft viele Ansatzpunkte und können diese pro-aktiv im Sinne einer von Nachhaltigkeit geprägten Unternehmenspolitik im wettbewerblichen Umfeld gestalten.

Der Anteil an den Nennungen ist natürlich nicht deckungsgleich mit der wirtschaftlichen Bedeutung der einzelnen Handlungsoption. So kann z.B. die Option „Kooperationen mit Unternehmen" (insbesondere solche mit anderen kommunalen Unternehmen) höhere wirtschaftliche Erfolge für das einzelne Unternehmen bringen als die (weitere) Optimierung unternehmensinterner Abläufe. Das wirtschaftliche Potenzial von Handlungsoptionen, beispielsweise auch einer (womöglich gemeinsam mit anderen Stadtwerken realisierbaren) Erweiterung der Wertschöpfungskette ist bei der Strategieentwicklung zu berücksichtigen.

Interne Möglichkeiten 72%   Externe Möglichkeiten 28%

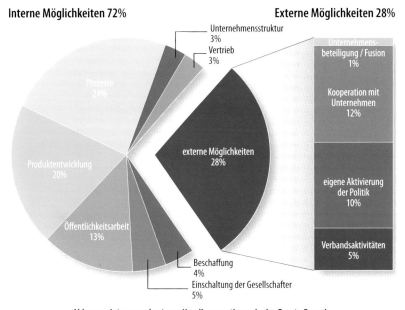

Abb. 10:   **Interne und externe Handlungsoptionen in der Sparte Energie
(eigene Darstellung)**

Nachfolgend wird anhand eines Knotenpunktes (Stärke-Chance-Konstellation) für den Grundtyp „kommunaler Komplettdienstleister" exemplarisch dargestellt, welche Handlungsoptionen dort unter der Zielrichtung „ausbauen" herausgearbeitet wurden.

Knotenpunkt: Hohe Netzwerkfähigkeit trifft auf staatliches Förderprogramm

Stärke: Beiträge zum Klima- und Ressourcenschutz können durch ausgezeichnete Vernetzung zur Adaption guter Beispiele (z.b. durch die ASEW) beispielsweise in folgenden Handlungsfeldern erbracht werden: Förder- und Beratungsprogramme, ökoeffiziente Dienstleistungen, Unterstützung der Kund(inn)en bei Endenergieeffizienzmaßnahmen.

Chance: Einführung eines Energiesparfonds* mit kommunalspezifischen Programmteilen
* z.b. finanziert aus öffentlichen Mitteln (Bund, EU, Land)

Interne Handlungsoptionen

Produktentwicklung:
- Erprobung eines neuen Förderinstruments auf lokaler Ebene in Form eines kommunalen Energiesparfonds
- Erarbeitung von sinnvollen Bestandteilen eines auf die Region zugeschnittenen Förderpakets mit Schwerpunkt für regionaltypische Wirtschaftszweige
- Entwicklung eines Energiesparchecks für Privat-, Gewerbe- und Industriekunden im Rahmen eines Energiesparfonds (analog zu ASEW-Energiesparcheck)

Öffentlichkeitsarbeit:
- Effizienzförderung bzw. Kostenersparnis durch Fonds herausstellen und darstellen, dass durch Förderungen und Energiedienstleistungen die Energiekostenrechnung sinkt
  -> EDL statt „E wie einfach"
- Eigene Angebote stärker und vor allem kontinuierlich unter Bezugnahme auf aktuelle Anlässe (wie z.B. öffentliche Diskussion über Importabhängigkeit der Energieversorgung oder drohender Klimawandel) bewerben

Einschaltung der Gesellschafter:
- Gesellschafter von Sinnhaftigkeit einer Fondslösung überzeugen und Prüfauftrag einholen, welchen Beitrag der Fonds zur Umsetzung der EU-Richtlinie 2006/32/EG zur Endenergieeffizienz und zu Energiedienstleistungen darstellt

Externe Handlungsoptionen

Kooperation mit Unternehmen:
- Örtliche Unternehmen bei der Entwicklung eines kommunalen Energiesparfonds einbeziehen und dabei Bedarfe, Ideen und Know-how integrieren

Eigene Aktivierung der Politik:
- Aktivierung der kommunalpolitischen Gremien zur Einwerbung von Fördermitteln bei Bund, Land und EU zur Erprobung eines neuen Förderinstruments, dem kommunalen Energiesparfonds

Verbandsaktivitäten:
- Entwicklung und Konzeptionierung eines Energiesparfonds bei der ASEW forcieren

Tab. 4: Interne und externe Handlungsoptionen für einen Knotenpunkt in der Energiesparte (eigene Darstellung)

Bei den o.g. Handlungsoptionen handelt es sich um die Beschreibung der Aktions- bzw. Reaktionsmöglichkeiten der kommunalen Energieunternehmen bei nur einem Knotenpunkt (also einer ganz bestimmten Zukunftssituation). Analog wurden für 59 weitere Knotenpunkte umfangreiche Listen mit Handlungsoptionen erarbeitet.

4.2 Sparte Wasser/Abwasser

In der Sparte Wasser/Abwasser wurden aus der Fülle an Kombinationsmöglichkeiten interner Stärken und Schwächen mit externen Chancen und Gefahren 59 relevante Knotenpunkte, aufgeteilt auf die drei Grundtypen der Unternehmensausrichtung, identifiziert. Sie spiegeln ein breites Themenspektrum wider und beinhalten wesentliche Herausforderungen für die aktuelle und zukünftige Entwicklung der Wasserwirtschaft. Auf der Suche nach Strategien, wie diesen Herausforderungen begegnet werden kann, wurde auf Grundlage der spezifischen Stärken kommunaler Unternehmen ein breites Spektrum an Handlungsoptionen formuliert, die in einem zweiten Schritt durch die Zusammenfassung gleicher bzw. eng verwandter Inhalte zu insgesamt 355 Handlungsoptionen für alle Grundtypen verdichtet wurden. Die folgende Grafik veranschaulicht die Verteilung dieser Handlungsoptionen auf die internen und externen Handlungsfelder.

Wie zu erwarten zeigt sich, dass die Vielfalt der internen Handlungsoptionen gegenüber den externen Handlungsoptionen dominiert. Dabei entspricht die Menge an Handlungsoptionen tendenziell auch der aktuellen Bedeutung einzelner Handlungsfelder.

Interne Möglichkeiten 59%   Externe Möglichkeiten 41%

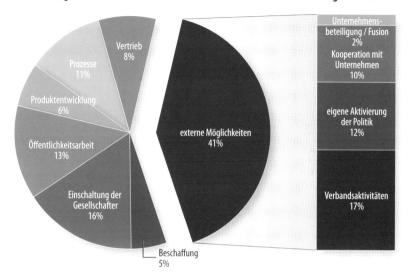

Abb. 11: Interne und externe Handlungsoptionen in der
Wasser-/Abwassersparte (eigene Darstellung)

Bei den **internen Handlungsoptionen** tritt die Gestaltung der **Beziehung zu den kommunalen Gesellschaftern** als besonders bedeutsam hervor (16%). Dies ist sicherlich zum einen auf ihre Entscheidungskompetenzen bei der (Teil-)Privatisierung kommunaler Ver- und Entsorgungsbereiche zurückzuführen, hängt aber zum anderen mit einer Vielzahl weiterer Interaktionen mit den kommunalen Gesellschaftern zusammen – sei es unterstützend, steuernd und kontrollierend oder integrierend. Der stärkeren Integration der Wasserver- und Abwasserentsorgung in Stadtplanungsprozesse kommt hierbei vor dem Hintergrund stabiler oder steigender Infrastrukturaufwendungen bei vielerorts sinkenden Nutzerzahlen eine wesentliche Bedeutung zu. Der Einfluss kommunaler Gesellschafter auf die Unternehmen kann zudem aus Bürgersicht vorteilhaft für die Umsetzung kommunaler Nachhaltigkeitsstrategien genutzt werden.

Die **Öffentlichkeitsarbeit** (13%) stellt ein weiteres bedeutendes Handlungsfeld dar. Dabei geht es nicht nur um eine Positionierung auf Grundlage von Werbebotschaften, sondern auch um gesteigerte Transparenz bei der Darstellung eigener Leistungen und die Erfüllung von Informationsbedürfnissen der Stakeholder auch als Beitrag einer nachhaltigen kommunalen Entwicklung. Hier gewinnt die Bereitstellung objektiver Informationen zu

Fragen der Wassernutzung und -qualität und die damit verbundene Beratung an Bedeutung. Transparenz ist auch im Aktionsfeld **Prozesse** (10%) von grundlegender Bedeutung und wird vor allem durch Benchmarkinginitiativen in Form von Prozess- und Kostentransparenz forciert.

Für die Aktionsfelder **Produktentwicklung** (6%) und **Vertrieb** (8%) stehen aufgrund der geringen Variierbarkeit von (Ab-) Wasserdienstleistungen und der sich erst langsam entwickelnden dezentralen Technologiealternativen tendenziell geringere Handlungsspielräume zur Verfügung. Allerdings gilt es hier, wichtige (zukünftige) Betätigungsfelder zu erkennen und in Verbindung mit der starken kommunalen Präsenz und Kompetenz zu nutzen.

Bei den **externen Handlungsoptionen** fällt vor allem die auch in der Gesamtschau große Vielfalt der an die **Verbände** herangetragenen Aktivitäten und Themen auf (18%). Dies resultiert vor allem daraus, dass die unternehmerischen Handlungsspielräume in der vergleichsweise starken öffentlichen Bindungen unterliegenden Wasser- und Abwasserwirtschaft in besonderem Maße von politischen Entscheidungen und Rahmenbedingungen abhängig sind.

Knotenpunkt: Der langfristige Substanzwerterhalt wird zunehmend teurer

Stärke: Substanzwerterhalt: Gewährleistung einer hohen Netzqualität mit geringer In- und Exfiltration

Gefahr: Verschärfung der „Fixkostenfalle" aus sinkendem Verbrauch und steigenden Umlagepreisen

Interne Handlungsoptionen

Produktentwicklung:
- Dauerhafte Gewährleistung einer hohen Netzqualität
- Entwicklung von niedrigschwelligen, kostengünstigen und qualitätsorientierten Dienstleistungen zur Überprüfung und ggf. Sanierung privater Rohrleitungen ggf. unter Einbindung privater Dienstleister
- Planung, Bau / Installation und Betrieb dezentraler Anlagen durch Realisierung von Modellvorhaben
- Entwicklung langfristiger Pläne zur Anpassung der Infrastruktur an demografische, wirtschaftliche und ökologische Herausforderungen

Beschaffung:
- Unterstützung des eigenen Vorlieferantennetzwerks durch längerfristige Verträge (Nachhaltigkeit, Qualitätssicherung, Kostensenkung)
- Qualitätsstandards und -sicherung beim Bezug von Waren und Dienstleistungen (ggf. vertragliche Absicherung durch Gewährleistungsregelungen)

Prozesse:
- Kontinuierliche Steigerung der Energie- und Ressourceneffizienz (Kostenminderung)
- Kontinuierliche Überprüfung der langfristigen Investitions- und Instandhaltungsstrategie unter Berücksichtigung von Netzzustandsentwicklung, demografischer Entwicklung etc.
- Kontinuierliche Netzinstandhaltung auf Grundlage langfristiger, abgestimmter Stadtentwicklungsstrategien
- Kontinuierliche Überprüfung der eigenen Dienstleistungsqualität und Nachhaltigkeitsleistung anhand von Kennzahlen (Transparenz als Grundlage zur Identifizierung und Beseitigung von Defiziten und Ineffizienzen; Überprüfung der Erfüllung des öffentlichen Auftrags)

Vertrieb:
- Kostenorientierte Anpassung der Preise und Gebühren (z.B. höhere Anschluss- und Anmeldepreise bei reduziertem Verbrauchspreis)
- Ggf. Nutzung dezentraler Ver- und Entsorgungstechnologien für neu anzuschließende Gebiete

Öffentlichkeitsarbeit:
- Qualitätsmarketing mit besonderem Bezug auf die Bedeutung der Netzqualität
- Aufklärung der Bürger(innen) über sich wandelnde Rahmenbedingungen und zu erwartende Auswirkungen auf die Kosten der (Ab-)Wasserdienstleistungen (z.B. „Fixkostenfalle")
- Kommunikation der angestrebten Maßnahmen zur Abmilderung von Kostenanstiegen

Einschaltung der Gesellschafter:
- Grundsätzliche Einbindung des (Ab-)Wasserunternehmens in die langfristige
  Stadtentwicklung, Definition von Meilensteinen und Koordination einer langfristigen
  Infrastrukturplanung
- Einfluss des (Ab-)Wasserunternehmens auf eine infrastrukturgerechte Stadtent-
  wicklung durch Wirtschaftlichkeitsberichte bei Siedlungsänderungen
- Zustimmung der Gesellschafter zu Investitions- und Instandhaltungsmaßnahmen,
  insbesondere durch tatsächliche Reinvestition des Anteils der „kalkulatorischen
  Abschreibungen" an den Gebühren
- Festschreibung von langfristiger Substanzwerterhaltung und definierter Netz-
  qualität/von Ressourcen- und Umweltschutzzielen als wesentliche Unternehmensziele (möglichst Anhand zu erreichender Kennzahlen)

Externe Handlungsoptionen

Kooperation mit Unternehmen:
- Kooperation mit Stadtplanung und anderen Infrastrukturunternehmen bei der
  langfristigen Infrastrukturplanung sowie bei Bau und Betrieb, u.a.
    - Entwicklung von gemeinsamen Versorgungsplänen für strukturschwache Gebiete
    - Kooperation beim Rückbau von Infrastruktur in strukturschwachen Gebieten
    - Kooperation bei Bau und Betriebsführung

Eigene Aktivierung der Politik:
- Überarbeitung der Bauregelungen auf Grundlage wasserwirtschaftlicher
  Anforderungen („Lückenschluss und Brachflächennutzung vor Neubau")
- Gesetzliche Stärkung des Substanzwerterhalts

Verbandsaktivitäten:
- Engagement für die grundsätzliche Einbindung des Netzbetreibers in die langfristige
  Stadtentwicklung (Kooperation mit städtebau- und wohnungswirtschaftlichen Verbänden)

Tab. 5:   Interne und externe Handlungsoptionen für einen Knotenpunkt in der
Sparte Wasser/Abwasser (eigene Darstellung)

Von den externen Handlungsoptionen ist die Gruppe der „Verbandsaktivitäten" auf den ersten Blick vielleicht verwirrend. Sie sind nur dann
echte Handlungsoptionen, wenn die Chance besteht, dass die benannte
Option auf den üblichen Wegen initiiert werden kann und zudem in den
Gremien der Verbände mehrheitsfähig ist. Da VKU, VKS im VKU und
ASEW selbst Partner bei INFRAFUTUR sind, können „Verbandsaktivitäten" auch als Handlungsmöglichkeiten verstanden werden, die innerhalb dieser Verbände bzw. Unternehmenskooperationen eigenständig
geprüft und ggf. selbst umgesetzt werden können (vom Einbringen in
die Beratungen der dafür zuständigen Gremien bis zur Realisierung im
Rahmen der laufenden Geschäfte). Es gibt aber auch Handlungsoptionen,
die eine Kooperation mit anderen Verbänden zum Gegenstand haben.
Dies könnte zum Beispiel bei Abgleich von lokalem Infrastrukturbedarf
und Stadtentwicklung relevant sein. Aktivitäten eines kommunalen

(Ab-)Wasserunternehmens könnten dann in Kooperation mit Verbänden der kommunalen Stadtentwicklung sowie des Wohnungswesens realisiert werden (z.B. im Rahmen von Modellprojekten oder in Kooperationen mit lokalen/regionalen Untergliederungen der Verbände). Hinzu kommen gemeinsame Aktivitäten mit den Kommunalverbänden, in denen die Eigentümerkommunen Mitglied sind.

Ähnlich verhält es sich bei der **eigenen Aktivierung der Politik** (12%), bei der inhaltliche Forderungen betroffener Unternehmen unmittelbar an die lokale Politik (einschl. der lokalen Vertreter in den Landes- und Bundesparlamenten) herangetragen werden können.

Im Handlungsfeld **Kooperation mit Unternehmen** (12%) werden geeignete Handlungsoptionen aus den übergreifend bearbeiteten Synergien zwischen den Sparten und mit anderen kommunalen Unternehmen den Knotenpunkten zugeordnet.

In Tabelle 5 wird anhand eines Knotenpunktes (Stärke-Gefahr-Konstellation), der für alle Grundtypen der Unternehmensausrichtung gleichermaßen relevant ist, exemplarisch dargestellt, welche Handlungsoptionen im Arbeitskreis erarbeitet wurden.

4.3 Sparte Abfall

Ebenso wie bei den beiden zuvor dargestellten Sparten entstand auch in der Sparte Abfall aus der Kombination der Stärken und Schwächen mit den Chancen und Gefahren in den SWOT-Tabellen eine sehr große Zahl an Knotenpunkten. Allerdings ergaben sich zwischen den drei Grundtypen der Unternehmensausrichtung, für die jeweils SWOT-Tabellen erstellt wurden, große Überschneidungen. In enger Zusammenarbeit mit den sechs Partnerunternehmen aus der Abfallwirtschaft und dem VKS im VKU wurden die wichtigsten Knotenpunkte herausgefiltert. Handlungsleitend waren hierbei einerseits die Bedeutung der einzelnen Knotenpunkte für die künftige Entwicklung der kommunalen Entsorgungswirtschaft und andererseits die Wahrscheinlichkeit, dass die jeweilige Situation tatsächlich eintritt. Es wurde eine Auswahl von 54 Knotenpunkten von Stärken/Schwächen mit Chancen/Gefahren getroffen. Vier Beispiele für solche Knotenpunkte können zur Illustration der nachfolgenden Übersicht entnommen werden.

Stärke	Chance
Langfristiges wirtschaftliches Interesse des kommunalen Eigentümers stärkt die strategische Unternehmensentwicklung	Die Basis eines Kerngeschäfts (Hausmüll) bleibt gesichert, die Entwicklung neuer strategischer Geschäftsfelder im Bereich der rohstofflichen und energetischen Verwertung wird zugelassen und unterstützt
Stärke	**Gefahr**
Hohe, konkret definierte Qualitätsstandards in allen Leistungsbereichen	Bestehende kommunale Qualitätsstandards werden durch private Anbieter unterlaufen und zu Dumpingangeboten genutzt
Schwäche	**Chance**
Eingeschränktes Leistungsprofil bewirkt beschränkte Handlungskompetenz und führt zu (weitgehendem) Fehlen von Aktivitäten im Bereich der gewerblichen Abfälle	Steigende Rohstoffpreise, veränderte Nachfragestrukturen und Vernetzung kommunaler Sparten eröffnen Chancen für neue Geschäftsfelder und Organisationsmodelle
Schwäche	**Gefahr**
Wettbewerbsnachteile gegenüber Privaten durch restriktive Gemeindeordnung und Bindung an VOB/VOL	Nationalisierung und Internationalisierung von Marktstrukturen führen zur Aufgabe regionalspezifischer Lösungen

Tab. 6: Übersicht über beispielhafte Knotenpunkte in der Abfallsparte
(eigene Darstellung)

Die Konstellationen, die sich durch die Kombination von interner und externer Analyse ergeben haben, können folgenden Themenfeldern zugeordnet werden:

- Dezentrale Rohstoffwirtschaft: Abfallverwertung als Geschäftsfeld der kommunalen Daseinsvorsorge,
- Dezentrale Infrastruktur (Logistik, Sortierung, Verwertung),
- Markenbildung: Daseinsvorsorge/Citizen Value[1] als Qualitätsmarke,

---

1 Vgl. hierzu Verband kommunale Abfallwirtschaft und Stadtreinigung im Verband kommunaler Unternehmen e.V. (2006).

- Kooperationen mit anderen kommunalen Unternehmen – interkommu-
  nal und spartenübergreifend,
- Kooperationen mit ortsansässigen Unternehmen (materialeffiziente
  Prozessoptimierung und Abfallmanagement),
- Gemeindeordnungen: Zulässigkeit wirtschaftlicher Betätigungen,
- Vergaberecht: Inhouse-Vergaben, Anwendung VOB/VOL.

Interne Möglichkeiten 69%   Externe Möglichkeiten 31%

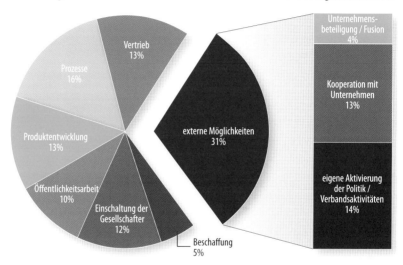

Abb. 12: Interne und externe Handlungsoptionen in der Abfallsparte
(eigene Darstellung)

Für die als besonders bedeutsam identifizierten 54 Knotenpunkte wurden
anhand eines an den betrieblichen Handlungsfeldern orientierten Schemas
zunächst 508 Handlungsoptionen formuliert. Die Handlungsfelder und die
darauf entfallenden Anteile können dem obigen Schaubild entnommen werden.

Da sich die Handlungsoptionen, die für die drei Grundtypen entwickelt
wurden, zum Teil überschnitten haben, wurde eine Bereinigung durchgeführt, so dass noch 368 Handlungsoptionen verblieben sind. Auch aufgrund der in der Sparte Abfall ausgewählten Knotenpunkte konnte durch
die entwickelten Handlungsoptionen gezeigt werden, dass technische,
wirtschaftliche, wettbewerbliche und umweltpolitische Entwicklungen
und deren Chancen frühzeitig erkannt werden können und (positive wie
negative) Auswirkungen auf die kommunale Wirtschaft antizipierbar sind.
Die Chancen und Stärken von kommunalen Unternehmen können noch

deutlicher als bisher in das unternehmerische Handeln eingebunden werden. Zusätzlich beziehen sich viele Handlungsoptionen darauf, bisherige unternehmerische Schwächen zu beseitigen (oder zumindest abzumildern) und/oder von außen drohende Gefahren abzuwehren.

Um beispielhaft zu zeigen, wie vorgegangen wurde und zu welchen Zwischenergebnissen dies geführt hat, werden nachfolgend drei ausgewählte Knotenpunkte vorgestellt. Da die Knotenpunkte einen engen Bezug zum Grundtyp der Unternehmensausrichtung haben, für die sie gebildet wurden, wird für jeden der Grundtypen ein Knotenpunkt exemplarisch vorgestellt.

Knotenpunkt: Interkommunale Kooperation als Chance für den Logistiker

Stärke: Geringe Möglichkeiten zur Erschließung von Synergien und Skaleneffekten
Chance: Chancen zur Erschliessung von Effizienz- und Rationalsierungspotentialen durch interkommunale Kooperation und strategische PPPs

Interne Handlungsoptionen

Produktentwicklung:
- Entwicklung neuer, rentabler Geschäftsfelder durch den vollständigen Zugriff auf die Abfallströme in der Region durch spartenübergreifende Kooperationen

Beschaffung:
- Bessere Konditionen durch Einkaufsgemeinschaften, z.B. im Fahrzeug- und Werkstättenbereich, soweit dies durch die Gemeindeordnung möglich ist

Prozesse
- Optimierte Kapazitätsauslastung durch regionales Stoffstrommanagement

Vertrieb
- Gewinnung neuer Kunden im Gewerbebereich durch Komplettentsorgungs-Angebote, gemeinsame stadtteilbezogene Servicecenter

Öffentlichkeitsarbeit:
- Positionierung als regionales Unternehmen

Einschaltung der Gesellschafter
- Argumentation gegenüber Gesellschaftern: Erhalt politischer Steuerungsfähigkeit bei kleinen, sichere Einnahmen- und Auslastungssituation bei großen Gemeinden

Externe Handlungsoptionen

Kooperation mit Unternehmen:
- Auftragsvergabe an regionale Unternehmen möglich

Unternehmensbeteiligungen:
- Beteiligung an Zweckverbänden in der Region

Knotenpunkt: Klimaschutz als Qualitätsmerkmal der kommunalen Abfallwirtschaft

Stärke: Hohe, definierte Qualitätsstandards in allen Leistungsbereichen
Gefahr: Gesellschaftliche und marktliche Anforderungen an hohe Qualitätsstandards in der Leistungserbringung, z.B. in Bezug auf Klimaziele (auch in neuen Geschäftsfeldern)

Interne Handlungsoptionen

Produktentwicklung:
- Energiegewinnung auf Basis erneuerbarer Ressourcen senkt den Verbrauch fossiler Energieträger
- Kraftwärmekopplung durch Auskopplung von Prozesswärme und Stromproduktion in Müllverbrennungsanlagen
- Gewinnung von Sekundärrohstoffen senkt den Energieverbrauch, Recycling benötigt deutlich weniger Energie als die Primärproduktion
- Beiträge zur Abfallvermeidung senken den Material- und damit auch den Energieverbrauch

Beschaffung:
- Anschaffung emissionsarmer und verbrauchsamer Fahrzeuge
- Entwicklung von Nachhaltigkeitskriterien für die Unternehmensbeschaffung

Prozesse
- Steigerung der Energienutzung in bestehenden Verbrennungsanlagen
- Vergärung von Bioabfällen aus Haushalten, Verwertung des Gärrückstands
- Integriertes Stoffstrommanagement zur verbesserten Verwertung der einzelnen Fraktionen
- Verbesserte Nutzung des Deponiegases
- Logistik: Verbesserung der Routenplanung (längere Abfuhrrhythmen, größere Gefäße)

Öffentlichkeitsarbeit:
- Klare Verpflichtung auf klimapolitische Ziele gegenüber den Kunden
- transparente Darstellung der Klimarelevanz der Abfallwirtschaft
- Erweiterung des Citizen Value um den Beitrag zum Klimaschutz

Einschaltung der Gesellschafter
- Einbeziehung der Abfallwirtschaft in die Klimaschutzaktivitäten der Stadt und den Nachhaltigkeitsbericht
- Aufnahme der Klimaziele ins Mission Statement
- Vermittlung der Qualitätsstandards gegenüber den Gesellschaftern

Externe Handlungsoptionen

Kooperation mit Unternehmen:
- Vorgaben von Klimaschutzstandards an Partner
- Hohe Anforderungen an Energieeffizienzgrade von externen Müllverbrennungsanlagen

Eigene Aktivierung der Politik:
- Integration von Klimaschutzstandards als Kriterium für die Ausschreibung von Logistikdienstleistungen
- Nutzung des Planungsrechts zur Verbesserung der Anlagen-Auslastung (bestehender und neuer) Anlagenstandorte hinsichtlich der Wärmenutzung

Verbandsaktivitäten:
- Kommunikation des positiven Beitrags der Abfallwirtschaft zum Klimaschutz
- Durchsetzung einer finanziellen Förderung der Wärmeauskopplung bei Müllverbrennungsanlagen nach dem KWK-Gesetz

---

Knotenpunkt: Regional expandierendes Unternehmen: Ausbau und Kooperationen in Geschäftsfeldern, die nicht die Inhouse-Fähigkeit gefährden

Stärke: Erhöhte Einnahmen für den Kommunalhaushalt stabilisieren das Interesse der Kommunalpolitik an der eigenwirtschaftlichen Tätigkeit
Gefahr: Verlust der Inhouse-Fähigkeit durch Änderung der rechtlichen Rahmenbedingungen

Interne Handlungsoptionen

Produktentwicklung:
- Entwicklung rentabler Geschäftsfelder im Verwertungsbereich, die auch im liberalisierten Abfallmarkt wettbewerbsfähig wären
- neue, rentable Geschäftsfelder auf dem Überschneidungsfeld zwischen Abfall- und Energiewirtschaft
- Ausbau der eigenen Strom-, Wärme- und Brennstofferzeugung (Müllheizkraftwerk, Biogas, Kraft-Wärme-Kopplung, alternative Kraftstoffe, Ersatzbrennstoffe)

Prozesse
- Da der gebührenfinanzierte Bereich nicht zur Quersubventionierung anderer Geschäftsbereiche bzw. Aktivitätsgebiete genutzt werden darf, ist nach einem gewonnenen Ausschreibungsverfahren Rentabilität zu erzielen
- klare rechtliche und personelle Trennung vom Kerngeschäft (organisatorische Eigenständigkeit)

Vertrieb
- Hohe garantierte Qualitätsstandards bilden den entscheidenden Wettbewerbsvorteil gegenüber Privaten

Öffentlichkeitsarbeit
- Ortskenntnis und Erfahrungen mit der Daseinsvorsorge in der Kernkommune bilden eine gute Grundlage für die Vermittlung des Bildes eines kompetenten Partners für weitere Kommunen

Knotenpunkt: Regional expandierendes Unternehmen: Ausbau und Kooperationen in Geschäftsfeldern, die nicht die Inhouse-Fähigkeit gefährden

Einschaltung der Gesellschafter
• Rückendeckung für rein gewinnorientierte Aktivitäten und Investitionen außerhalb des Stammgebiets

Externe Handlungsoptionen

Eigene Aktivierung der Politik
• Unterstützung organisieren, um Restriktionen der Gemeindeordnungen und des Wettbewerbrechts für kommunale Unternehmen zu beseitigen
• Sensibilisierung der Öffentlichkeit für Qualitätsfragen der Abfallentsorgung

Verbandsaktivitäten
• Citizen Value als Qualitätsmarke für die kommunale Abfallwirtschaft entwickeln und stärken

Tab. 7:   Interne und externe Handlungsoptionen für drei Knotenpunkte in der
Sparte Abfall (eigene Darstellung)

5 Chancen für die Erschließung von Synergiepotenzialen zwischen den kommunalwirtschaftlichen Sparten

5.1 Synergien in verschiedenen Bereichen

Als **Synergie** bezeichnet man den Effekt, durch den beim Zusammenwirken verschiedener Personen und/oder Organisationseinheiten ein Mehrwert entsteht, der mehr ist als die Summe der einzeln geschaffenen Werte. Die Existenz von Synergieeffekten ist häufig sehr umstritten. Auf der einen Seite wird der Umfang der erschließbaren Synergien nicht selten weit überschätzt oder gar aus Eigeninteresse als viel zu hoch angegeben. Auf der anderen Seite werden Synergieeffekte oftmals mit Rationalisierungswirkungen gleichgesetzt, die durch Kooperationen oder Fusionen entstehen. Synergien werden deshalb häufig mit Arbeitsplatzverlusten gleichgesetzt. Dabei wird übersehen, dass sich „echte" Synergieeffekte dann ergeben können, wenn es zu wirtschaftlichen Effektivitätssteigerungen dadurch kommt, dass beispielsweise durch einen gemeinsamen Einkauf bessere Preiskonditionen und deshalb Kostenreduktionen ermöglicht werden oder durch gemeinsame Marktauftritte höhere Umsätze erzielt werden.

Im Rahmen der Strategieentwicklung ist es wichtig, nicht nur die Sparten getrennt zu untersuchen, sondern auch mögliche Synergien zwischen den drei einbezogenen Sparten Energie, Wasser/Abwasser und Abfall einzubeziehen. Darüber hinaus wurde auch danach gefragt, ob es nicht auch mit kommunalen Unternehmen aus anderen Sparten sowie mit Bereichen der unmittelbaren Kommunalverwaltung Möglichkeiten zur verstärkten Zusammenarbeit gibt, um beiden Seiten Vorteile zu verschaffen. Schließlich wurden auch die unmittelbaren Leistungsangebote der Stadtverwaltungen als mögliche Felder zur Erschließung von Synergiepotenzialen betrachtet.

Durch die Analyse der möglichen **Synergien** konnten die Handlungsoptionen, die in den drei Sparten auf Basis der SWOT-Analysen erarbeitet wurden, durch Sparten übergreifende Handlungsoptionen ergänzt werden. Die nachfolgende Tabelle 8 zeigt beispielhaft für mögliche Synergien zwischen den drei untersuchten Sparten, welche Arten von Synergien wie konkretisiert werden können. Die Liste der weiteren Synergien findet sich in den detaillierten Bänden zu den Sparten. Vor einer Erschließung der identifizierten Synergien ist es notwendig, die konkreten Umsetzungsbedingungen zu prüfen. Beispielsweise hat im Energiesektor die rechtlich vorgeschriebene Trennung von Netz und Vertrieb das Potenzial möglicher Synergien reduziert.

Synergieart	Bereich Energie mit Abfall und Wasser/Abwasser
Gemeinsame Entwicklung neuer Produkte und/oder gemeinsame Erschließung neuer Geschäftsfelder	• Integrierte Effizienz-/Nachhaltigkeitsberatung für Haushalte, Unternehmen und Kommunen (als marktfähige Dienstleistung) • Gemeinsame Angebote zum Facility Management • Energetische Verwertung von Klärgas in Kombination mit Biogas (z.B. Vergärung von Speiseresten und anderen biogenen Abfällen) mit Hilfe der BHKW-Technik • Ebenso mit Einspeisung in das Erdgasnetz • Einsatz von getrocknetem, abgelagertem Klärschlamm als Ersatzbrennstoff (EBS) für kommunale Fernwärmeversorgung auf der Basis von Heizkraftwerken
Horizontale Integration von Wertschöpfungsstufen (bestehende Aktivitäten werden gemeinsam realisiert)	• Gemeinsame Planung bei der Erschließung von Versorgungsgebieten sowie der Standorte von technischen Anlagen der Energieerzeugung und -verteilung (Planungskooperation) • Entwicklung von gemeinsamen Ver- und Entsorgungskonzepten für Großkunden (gemeinsamer Vertrieb) • Umsetzung eines gemeinsam entwickelten kommunalen Marketingkonzepts (kommunale Ver- und Entsorgung in ... als Dachmarke) • Integration von Netzausbau und -instandhaltung • Gemeinsame Organisation eines Störfalllagers für den Netzbetrieb (Harmonisierung eingesetzter Materialien und Lieferanten; Regelung von Betrieb, Bestellwesen und Kostenverteilung)
Vertikale Integration von Wertschöpfungsstufen (Ergänzung der einen durch die andere Sparte)	• Gegenseitige Bezugsverträge • Vernetzung und Standardisierung von Prozessleitsystemen (z.B. mit dem Ziel des Aufbaus eines erzeugungsseitigen Lastmanagements bzw. eines gemeinsamen Energie- und Wasser-/Abwasser-Datenmanagementsystems)
Ergänzung von Produktpaletten und Aktivitäten ohne Integration	• Gegenseitiger Verweis bei Kundenkontakten • Beschaffungskooperation (Bündelung der Nachfragemacht ohne weitere Harmonisierung) • Kooperation beim Aufbau der benötigten geografischen Informationssysteme (GIS) und Datenaustausch
Gemeinsame Nutzung von technischer Ausrüstung und/oder Personal ohne Integration	• Personalüberlassung bei personellen Engpässen • Erstellung eines technischen Katasters als Voraussetzung für den Austausch technischer Ausrüstung im Bedarfsfall

Synergieart	Bereich Energie mit Abfall und Wasser/Abwasser
Integration von internen und externen Dienstleistungen	• Zentrale Leitstelle mit zentralem Not- und Bereitschaftsdienst • Zusammenlegung / Aufbau von gemeinsamen Laboreinrichtungen • Gemeinsames Kunden- und Callcenter, gemeinsames Beschwerdemanagement, gemeinsame Zählerablesungen und Kundenabrechnung • Gemeinsames Rechnungswesen • Gemeinsames Risikomanagement zur Erfüllung der Vorgaben des KonTraG • Gemeinsame Personalverwaltung (Lohn- und Gehaltsrechnung) • Gemeinsames Beschaffungsmanagement • Gemeinsames Liegenschaftsmanagement • Gemeinsames Planungsbüro (für Planung von Ausbau- und Erhaltungsinvestitionen) • Zusammenlegung der geografischen Informationssysteme (GIS) und Integration der Kundendatenbanken • Kooperation im Cash Management • Gemeinsame IT • Gemeinsamer Fuhrpark mit gemeinsamer Werkstatt • Effizienz- /Nachhaltigkeitsberatung für Haushalte, Unternehmen und Kommunen (nicht marktfähige Dienstleistung)
Know-how-Transfer und Beratungsleistungen	• Aufbau eines gemeinsamen Wissensmanagements (z.B. gemeinsame Organisation von nicht spartenbezogener Fortbildung, Informationen über regionalen Wandel) • Gemeinsame Nutzung externer Beratung und Forschung (z.B. Austausch von vorhandenen Ergebnissen, gemeinsame Beauftragung neuer Projekte, gemeinsame Anträge zur Forschungsförderung) • Ausbildungskooperation (gemeinsam Ausbildungsstellen schaffen bzw. betriebsübergreifende Ausbildung mit Azubi-Austausch)
Entwicklung gemeinsamer Grundlagen für die Unternehmenskulturen (intern und extern)	• Kommunale Daseinsvorsorge (als Dachmarke und zugleich als Kern einer gemeinsamen Nachhaltigkeitsstrategie) • Mission Statement (Abstimmung der Inhalte) • Kommunale Familie (Abstimmung in strategischen Fragen, z.B. Integration von Aktivitäten, Position gegenüber Privatisierung/Liberalisierung) • Gemeinsames Lobbying

Tab. 8:   Synergien durch Kooperation zwischen allen drei bei INFRAFUTUR
untersuchten Sparten (eigene Darstellung)

5.2 Kooperation als Instrument zur Erschließung von Synergien

Die oben benannten Synergien lassen sich durch verschiedene Arten von Kooperationen kommunaler Unternehmen erschließen. Für die strategische Unternehmensentwicklung sind davon jene von Bedeutung, die einen erheblichen Einfluss auf den weiteren Weg des einzelnen Unternehmens ausüben. Aus diesem Grund sind vor allem relevant

- die Bildung oder die Ausweitung von **strategischen Allianzen**,
- die interkommunale Kooperation in Form von **Zweckverbänden** (bzw. deren inhaltliche und/oder räumliche Erweiterung),
- die **gesellschaftsrechtliche Integration** von kommunalen Unternehmen (bis hin zu Fusionen) sowie
- die Schaffung von auf Dauer angelegten und **operativ tätigen Netzwerken** kommunaler Unternehmen (bzw. der Beteiligung an bestehenden Netzwerken).

Von diesen Möglichkeiten wird nachfolgend die Bildung von strategischen Allianzen detaillierter erläutert. Die anderen Möglichkeiten können analog geprüft werden.

Strategische Allianzen sind Kooperationen von rechtlich eigenständigen Unternehmen, die gemeinsame Ziele anstreben, die zum einen auf eine mittlere und längere Frist bezogen und die zum anderen von herausragender Bedeutung für die Entwicklung der einzelnen Unternehmen sind. Die Kooperation kann durch eine Kapitalverflechtung abgesichert werden – muss aber nicht. Dies gilt für alle **Arten von Kooperationen**:

- Bei **horizontalen Kooperationen** arbeiten z.B. jeweils Stadtwerke oder kommunale Abfallwirtschaftsgesellschaften verschiedener Kommunen zusammen. Die **Sparten** bleiben **formal getrennt**. Der Schwerpunkt der erzielbaren Synergieeffekte liegt dann bei kaufmännischen und technischen Basisaktivitäten sowie bei der Erzielung von Mengeneffekten.
- **Spartenübergreifend** können **intrakommunale Kooperationen** geschaffen werden, wenn sich kommunale Partner zusammentun, die in unterschiedlichen Sparten und dabei ggf. auch unterschiedlichen Wertschöpfungsstufen tätig sind. Beispielsweise könnten bei der energetischen Biomassenutzung in einer Kommune wesentliche Synergieeffekte erschlossen werden, wenn das örtliche Abfallwirtschaftsunternehmen intensiv mit dem kommunalen Energieunternehmen zusammenarbeitet und darüber hinaus die Kläranlage des Abwasserbetriebs sowie das kommunale Wohnungsunternehmen und das Grünflächenamt mit einbezogen werden. Die konkrete Regelung dessen, wer dabei welche Aufgaben übernimmt (von der Beschaffungslogistik des Rohmaterials über den Betrieb der technischen Anlagen bis hin zum Vertrieb der erzeugten Produkte, z.B. Biogas oder elektrischer Strom und Wärme), kann im Einzelfall sehr unterschiedlich gestaltet werden.

- Schließlich sind auch **vertikale** Kooperationen zwischen kommunalen Unternehmen einer Sparte möglich, wenn sich kommunale Partner zusammentun, die in **unterschiedlichen Wertschöpfungsstufen** tätig sind. Dies kann vorwärts und/oder rückwärts erfolgen. Beispiele sind die Belieferung eines kommunalen Wassernetzbetreibers mit Wasser durch ein benachbartes kommunales Unternehmen oder die Nutzung einer Kompostierungsanlage der Nachbarkommune durch einen kommunalen Abfalllogistiker. Hierbei sind allerdings in Bezug auf die Partnerwahl einschränkende vergaberechtliche Vorgaben zu beachten.
- Diese drei Grundmodelle können unterschiedlich **kombiniert** werden. Beispielsweise kann es sinnvoll sein, dass ein kommunales Energieunternehmen für die energetische Nutzung von Abfällen eine enge und langfristig angelegte Kooperation mit dem Abfallzweckverband der Nachbargemeinden eingeht (**diagonale** Kooperation). Spartenübergreifende Synergien können jedoch allenfalls dann erschlossen werden, wenn sich die konkreten Geschäftsfelder der einzelnen Partnerunternehmen voneinander unterscheiden und die Partner sich gegenseitig ergänzen wollen. Dieses Modell kann insbesondere dann interessant sein, wenn in der eigenen Kommune kein kommunaler Partner einer bestimmten Sparte zur Verfügung steht.

Bei strategischen Allianzen von kommunalen Unternehmen, die aus verschiedenen Kommunen kommen, und deren Zusammenarbeit durch Unternehmensbeteiligungen gestützt werden soll, kann eine **unterstützende interkommunale Vereinbarung der jeweiligen Kommunen** hilfreich sein. Durch sie können die Ziele der kommunalen Unternehmen und ihre strategische Ausrichtung leichter aufeinander abgestimmt werden.

Ebenso spielt der **regionale Bezug der Partner** bei der Entscheidung über das Eingehen einer strategischen Partnerschaft eine wichtige Rolle (z.B. Kooperationen zwischen benachbarten Unternehmen oder Unternehmen unterschiedlicher Sparten oder Branchen am gleichen Ort oder zwischen weiter entfernt ansässigen Unternehmen). Die Sinnhaftigkeit der Kooperation kann dabei sehr unterschiedlich sein. Während bei Netzgesellschaften oder Logistikern eine große räumliche Nähe vorteilhaft sein dürfte, kann dies bei gemeinsamen Dienstleistungsangeboten von Unternehmen mit Wettbewerbsaktivitäten im Gebiet des jeweiligen Nachbarunternehmens eher von Nachteil sein.

Sofern **Kapitalverflechtungen** erfolgen, ist zwischen **einseitigen und gegenseitigen Beteiligungen** auf der einen Seite und **gemeinsamen Beteiligungen an einem weiteren Unternehmen** auf der anderen Seite zu unterscheiden. Hierbei kann es sich auch um eine größere Zahl an Unternehmen handeln, die sich gemeinsam an einem Unternehmen beteiligen, das einen Teil der Funktionen übernimmt, die bisher im eigenen Unternehmen erfolgt sind (z.B. Beschaffung, Produktion, Abrechnungsdienstleistungen) oder neu angestrebt werden (z.B. Errichtung und Betrieb eines Kraftwerks). Dies entspricht dem Grundmodell eines Netzwerks.

Strategische Allianzen, bei denen im Gegensatz zu Fusionen die Partner rechtlich selbständig bleiben, sind geeignet, **drei Zwecke** zu erfüllen:

- **Erschließung neuer Märkte** (seien es neue Produkte oder neue Gebiete): Strategische Allianzen können beispielsweise den Zugang zu Märkten ermöglichen, auf denen das eine Unternehmen noch keine, das andere Unternehmen hingegen bereits fundierte Erfahrungen hat. So lassen sich relativ schnell Einsparungseffekte erzielen. Beispiel Erschließung des neuen Marktes Biogasproduktion und Netzeinspeisung: Ein Partner, der sich in diesem Bereich bereits gut auskennt, ermöglicht es einem oder mehreren Partnerunternehmen, durch die Übernahme der Betriebsführung einer neuen technischen Anlage in dieses Geschäftsfeld einzusteigen.
  Ebenso können sich die Partner einer strategischen Allianz auf der Beschaffungsseite den Zugriff auf Ressourcen erleichtern. Dabei gibt es vielfältige Möglichkeiten. So kann es sich beispielsweise um knappe materielle, finanzielle und personelle Ressourcen handeln.
  Schließlich kann im Bereich Forschung und Entwicklung ein starker Anreiz bestehen, nach einem Partner für eine strategische Allianz zu suchen. Hohe Forschungs- und Entwicklungskosten sowie Verlustrisiken lassen sich bei kürzer werdenden Produktlebenszyklen besser von mehreren als von einem einzelnen Unternehmen tragen.
- **Konzentration auf Kernkompetenzen**: Bei einem Rückzug aus Teilen der Wertschöpfungskette – z.B. der Eigenproduktion oder dem Endkundenkontakt – ist es wichtig, geeignete und vertrauensvoll kooperierende Partner zu haben. Durch eine strategische Allianz können sich Partner dann auf ihre eigenen Kernkompetenzen konzentrieren.
- **Vermeidung von erkennbaren Risiken**: Relevant ist vor allem der Schutz vor Konkurrenz bei Liberalisierungsprozessen oder vor der Marktmacht eines Dritten.

Während im ersten Fall die strategische Allianz der Nutzung von Chancen dient und somit sogenannte **Win-Win-Situationen** angestrebt werden (beide Partner können gemeinsam erfolgreicher sein als einzeln), wird bei den beiden anderen Arten versucht, erwartete oder auch nur befürchtete **Nachteile zu vermeiden**. So ist beispielsweise die Umsetzung einer Strategie der Kernkompetenzorientierung, die zu einem Rückzug aus Teilen der Wertschöpfungskette führt, mit der Aufgabe einer die gesamte Fertigungstiefe umfassenden Leistungserstellung verbunden. Dieser Verlust kann durch eine langfristige Bindung an einen Partner aufgewogen werden, wenn dieser über komplementäre Kompetenzen verfügt (also die wegfallenden Teile der Wertschöpfungskette ersetzen kann).

Strategische Allianzen sind mit einer Reihe von **Gefahren** verbunden, die solche Zusammenschlüsse mit sich bringen können, insbesondere dann, wenn die Kooperationen über die Grenzen von Kommunen hinweg geschlossen werden. Sie sollten vor einer Entscheidung bedacht werden:

- Das kooperierende Unternehmen riskiert mit der Partnerschaft einen unter Umständen dauerhaften **Verlust von Handlungsfreiheit und Eigenständigkeit**. Dies kann auch die bisherigen Geschäftsbeziehungen zu Kunden und Lieferanten völlig verändern. Diese Gefahr besteht insbesondere dann, wenn die wirtschaftliche Kraft und Kompetenz der Partner sehr unterschiedlich sind.
- Es ist aber auch möglich, dass sich der **Partner** vorzeitig aus der Allianz löst, wenn er sich vom anderen das nötige **Know-how beschafft hat**. Dies kann auch darin bestehen, dass Informationen über Kunden und/oder Lieferanten zur direkten Aufnahme von Geschäftsbeziehungen benutzt werden und der zwischenzeitliche Partner ausgebootet wird.
- Für die Beurteilung des Nutzens einer strategischen Allianz ist es wichtig, die Ausgangssituation zu kennen. Handelt einer der Partner aus einer **Situation der Not** heraus (aktuell oder für die Zukunft befürchtet) oder wollen beide **gemeinsam neue Stärke** gewinnen?
- Strategische Allianzen zwischen Unternehmen mit **unterschiedlichen kulturellen Verhältnissen** können darunter leiden, dass sich die Bestandskraft der Unterschiede in der Unternehmenskultur später als zu stark für eine erfolgreiche Partnerschaft erweist.
- Insbesondere bei strategischen Allianzen mit weit entfernt angesiedelten Partnern (evtl. ausländischen kommunalen Unternehmen) besteht zusätzlich die Gefahr einer unter Umständen sehr plötzlichen **Umorientierung des Partners**, wenn sich die geplante Expansion durch Hemmnisse außerhalb der eingegangenen Partnerschaft als nicht realisierbar erweist.
- Ebenso können wirtschaftliche **Entwicklungen beim Partner** (bzw. bei mit diesem verbundenen Unternehmen) auf die gesamte Allianz durchschlagen. Zu Problemen kann dies vor allem dann führen, wenn die strategische Allianz mit einer Unternehmensbeteiligung verbunden wurde.

Für die Beurteilung der Frage, ob eine strategische Allianz eingegangen werden soll, ist die **Rückholbarkeit der Entscheidung** ein wichtiges Kriterium. Ist sie gering – dies wird bei strategischen Partnerschaften mit auswärtigen Unternehmen die Regel sein –, können die Folgen einer Fehlentscheidung sehr schwerwiegend sein. Dies resultiert aus der beabsichtigten langfristigen Bindungswirkung und gilt insbesondere dann, wenn Kapitalbeteiligungen vorgenommen werden (ein- oder gegenseitige Beteiligung, Beteiligung an einer gemeinsamen Unternehmensgründung). Die Auflösung von Kapitalbeteiligungen ist in der Regel mit einem hohen Finanzaufwand und engen rechtlichen Vorgaben verbunden. Zum Teil bestehen aufgrund von vertraglichen Regelungen lange Kündigungs- bzw. Wirkungsfristen. Hinzu kommt, dass bei der Auflösung von Verbindungen kommunaler Unternehmen von Nachbarstädten kommunalpolitische Komplikationen eine geringe Handlungsfreiheit erzeugen können.

Aus diesen Gründen sollte das Eingehen einer strategischen Allianz durch eine gründliche Analyse fundiert werden. Hierbei sollte eine mehrdimensionale Betrachtungsweise (hinsichtlich der Partner und ihrer

Interessen, den angestrebten Zielkonstellationen, den möglichen Folge-
wirkungen und Erfolgs- bzw. Misserfolgsbedingungen) zugrunde gelegt
werden. Darüber hinaus sollte auf die Optionen geachtet werden, die den
Partnern in der Ausgestaltung sowie der Beendigung der strategischen
Partnerschaft verbleiben. Neben unterschiedlich intensiven Bindungs-
wirkungen können vor allem Entscheidungsspielräume hinsichtlich
einer Weitergabe der Beteiligung sowie Endschaftsbestimmungen und
Haftungsrisiken bedacht werden.

5.3 Markenbildung und -erschließung als wichtiges Kooperationsfeld

Die Angebote kommunaler Infrastrukturunternehmen sind Teil der kommunalen Daseinsvorsorge. Deshalb dienen sie nicht nur ökonomischen,
sondern auch gesellschaftlichen und ökologischen Zielen. Dies gilt
nicht nur für die Ziele der Kommunen, sondern auch für die Ziele der
Nutzer(innen) des jeweiligen Angebots. Es gilt gleichermaßen für die
privaten Haushalte wie für Unternehmen oder sonstige Einrichtungen
(z.B. Körperschaften öffentlichen Rechts, staatliche Behörden oder Unternehmen am jeweiligen Standort).

Angebote werden in einem wettbewerblichen Umfeld nur dann zu wirt-
schaftlichen Leistungen, wenn sie angenommen und bezahlt werden.
Deshalb ist es von entscheidender Bedeutung, dass die potenzielle Kund-
schaft darüber informiert wird, welche ökonomischen, ökologischen und
sozialen Leistungen durch die Annahme des Angebots des kommunalen
Unternehmens allgemein und bei ihr selbst entstehen. Dies **lenkt den
Schwerpunkt des Wettbewerbs vom Preis zur Qualität** im weitesten
Sinne (über die unmittelbare Produktqualität hinaus).

Langfristig ist es zudem wichtig, die verschiedenen Aspekte der erbrachten kommunalen Daseinsvorsorge **auch in den Bereichen** darzustellen,
die derzeit nicht im Wettbewerb stehen:

* Einsicht in die Sinnhaftigkeit reduziert den Zwangscharakter eines
  formalen Anschluss- und Benutzungszwangs und reduziert damit auch
  die Gefahr, dass dieses Instrument abgeschafft wird.
* Hinzu kommt, dass ein Teil der derzeit nicht im Wettbewerb erbrachten
  Leistungen bereits jetzt kurzfristig im Rahmen von Konzessionen an
  Dritte vergeben werden könnte (Wettbewerb um den Markt).
* Ebenso könnte das Ergebnis einer umfassenden Information sein, dass in der
  jeweiligen Kommune darüber beraten wird, die Aktivitäten der kommunalen
  Daseinsvorsorge und damit die Aufgaben des kommunalen Unternehmens
  auf Geschäftsfelder auszuweiten, in denen Wettbewerb besteht.
* Außerdem können evtl. anstehende Entscheidungen über Änderungen
  des Rechtsrahmens in Kenntnis der Gesamtleistung der kommunalen
  Unternehmen rationaler erfolgen.

- Schließlich sei erwähnt, dass ohne eine ausreichende Kommunikation die Wahrnehmung der Verantwortlichkeit zwischen kommunaler Daseinsvorsorge und Leistungen kommerzieller Anbieter verschwinden kann[1].

Es ist daher offensichtlich, dass im Bereich der kommunalen Daseinsvorsorge dem **Marketing** eine **zentrale Bedeutung** zukommt[2]. Dabei geht es nicht nur um die Präsentation der eigenen Aufgaben und Leistungen, sondern auch um die Positionierung gegenüber tatsächlichen oder potenziellen Konkurrenten. Neben einer umfassenden Sachdarstellung werden künftig emotionale Aspekte[3] eine zunehmende Rolle einnehmen. Dies gilt zum einen für die **Kommunikation nach außen**, mit der aktuellen und potenziellen Kundschaft, aber auch mit Entscheidungsträgern im kommunalen sowie im landes-, bundes- und europapolitischen Bereich[4]. Zum anderen hat die **Kommunikation nach innen** einen besonderen Stellenwert. Umfang und Qualität der ökologischen und sozialen Leistungen der kommunalen Daseinsvorsorge hängen entscheidend davon ab, dass sich die Beschäftigten der kommunalen Unternehmen der über die ökonomischen Aspekte hinausgehenden Teile ihrer Tätigkeit bewusst sind.

Es bietet sich an, bei der Markenpolitik einerseits **mehrstufig** vorzugehen und andererseits **unterschiedliche Instrumente und Kooperationsebenen** zu **nutzen**. Dies bedeutet, dass bei der kooperativen Markengestaltung folgende Aktivitäten erwogen werden sollten:

---

1 Dies ist beispielsweise der Fall, wenn die Bewohner einer Kommune davon ausgehen, dass für die Abfallbeseitigung der kommunale Abfallwirtschaftsbetrieb zuständig ist, obwohl die Entsorgung der gelben Säcke durch ein privates Unternehmen erfolgt. Bei Störungen wenden sie sich an die Kommune oder an das kommunale Unternehmen und erwarten von dort Abhilfe.

2 Zu hier relevanten Inhalten und Merkmalen des modernen Marketing vgl. H. H. Bauer u.a. (2007), F.-R. Esch (2007), Ph. Kotler u.a. (2007), S. 509ff., Ph. Kotler/F. Trias de Bes (2005), H. Meffert u.a. (2005) und H. Meffert u.a. (2008), S. 7ff.

3 Emotionale Aspekte sind bei der Werbung von Unternehmen der kommunalen Daseinsvorsorge inzwischen durchaus üblich. Neben rein positiven (z.B. für reines und gesundes Trinkwasser oder für eine saubere Stadt oder für die Nutzung sauberer Energien) oder rein negativen Emotionen (z.B. gegen die Folgen des Klimawandels oder gegen die Abwasserverschmutzung durch Medikamentenreste oder gegen weitere Ressourcenverschwendung), sollte künftig verstärkt die Übertragung gegensätzlicher Emotionen (Mixed Emotions) geprüft werden (nach H. H. Bauer u.a. (2007), sinnvollerweise zuerst die negativen, dann die positiven Emotionen. Wenn dabei auch die Konkurrenz ins Visier genommen wird (gegen die Folgen reiner Gewinnorientierung - für die Leistungen einer umfassenden kommunalen Daseinsvorsorge), könnte dadurch u.a. eine Abkoppelung vom derzeit schlechten Image der großen Konzernunternehmen ermöglicht werden, mit denen die kommunalen Unternehmen im Markt oder um den Markt im Wettbewerb stehen (bzw. künftig stehen könnten).

4 Während es bei der Kommunikation mit der tatsächlichen oder potenziellen Kundschaft vor allem um Erfolge auf den Märkten geht, ist die Kommunikation mit der Politik vor allem wichtig für die Sicherung der Märkte sowie die dort geltenden Rahmenbedingungen.

- Es ist sicher nötig, auf der Ebene der Kommunalwirtschaft insgesamt eine gemeinsame Darstellung der kommunalen Daseinsvorsorge und ihrer ökonomischen, ökologischen und gesellschaftlichen Leistungen zu schaffen. Hierbei sollten zusätzlich zu den Sparten Energie, Wasser/Abwasser und Abfall auch die Sparkassen, die kommunale Wohnungswirtschaft und die kommunalen ÖPNV-Unternehmen einbezogen werden. Dies könnte z.b. in eine gemeinsame Nachhaltigkeitsberichterstattung der Kommunalwirtschaft münden, die hilft, bei den Adressaten die Bedeutung der kommunalen Daseinsvorsorge positiv zu verankern.
- Da sich die Leistungen der kommunalen Daseinsvorsorge und auch die Rahmenbedingungen in den einzelnen Sparten zum Teil erheblich voneinander unterscheiden, sollte die spartenspezifische Kommunikation der kommunalen Unternehmen ausgeweitet werden. Dies erleichtert zudem, schneller auf Veränderungen in der konkreten Sparte reagieren zu können. Außerdem werden mögliche Widersprüche zwischen Sparten vermieden[5].
- Innerhalb der Sparten könnte ein möglicher Ausweg aus der Vereinheitlichung zu differenzierter Sachverhalte darin bestehen, dass die gemeinsame Markenbildung auf gezielt ausgewählte Partner beschränkt wird. Dies könnte z.b. durch die Schaffung oder Erweiterung einer Markenallianz oder durch eine Lizenzierung erfolgen. Damit verbunden wäre die für die Kundschaft wichtige Garantie, dass die Produkte den kommunizierten Kriterien entsprechen. Hier könnte beispielsweise der ASEW eine zentrale Rolle zukommen. Andere Beispiele für Stadtwerkekooperationen mit gemeinsamer Markenbildung sind die Trianel oder die SüdWestStrom. In der Abfallsparte bietet der Citizen-Value-Ansatz des VKS im VKU Ausbaupotenzial.
- Es kann sinnvoll sein, in einer Kommune eine einheitliche Dachmarke für alle Leistungen der kommunalen Daseinsvorsorge zu schaffen (bzw. weiter zu nutzen). Hierzu kann ein kommunaler Nachhaltigkeitsbericht, in dem die Leistungen der kommunalen Daseinsvorsorge von Verwaltung und kommunalen Unternehmen dargestellt werden, sehr hilfreich sein. Um aber die interkommunale Kooperation (bzw. die Kooperation zwischen den Unternehmen verschiedener Kommunen) nicht zu gefährden, sollte ein Co-Branding erfolgen. Beispielsweise könnte die oben erwähnte Markenallianz ausgewählter Partner mit der rein kommunalen Dachmarke verbunden werden, indem beide Markensymbole verwandt werden. Dies kann z.B. bei spezifischen Produkten wie Ökostrom oder Contracting für einzelne Sektoren sinnvoll sein, wenn diese nicht nur in der eigenen Kommune (bzw. gemeinsam mit Partnern) vermarktet werden. Es könnte im konkreten Fall auch sinnvoll sein, ein Co-Branding zwischen der Dachmarke der Kommune und Einzelmarken des jeweiligen kommunalen Unternehmens zu schaffen.

---

5 Sie können in Gesamtdarstellungen immer dann entstehen, wenn in Wettbewerbsbereichen die eigene Konkurrenzfähigkeit und die nötige Durchdringung der Wertschöpfungsstufen postuliert werden, in hoheitlichen Bereichen aber vor den negativen Folgen des Wettbewerbs gewarnt wird.

6   Exemplarische Ergebnisse der Strategieentwicklung

6.1   Methodisches Vorgehen

Die Strategien der Forschungspartnerschaft wurden auf der Grundlage der zuvor erfolgten SWOT-Analysen entwickelt. Dadurch konnten zusätzlich zu den umfassenden Unternehmensanalysen für die untersuchten Grundtypen und in deren Fortführung mehrere Strategien mit darin konsistent gebündelten Maßnahmen für die nachhaltige Gestaltung der dezentralen Infrastrukturen entwickelt werden. Es ist ein Strategiekompendium entstanden, das einen Überblick über die verfügbaren Werkzeuge und ihre Kombinierbarkeit gibt.

Die im Rahmen des Projekts erarbeiteten Strategien sind optional zu verstehen. Sie haben selbstverständlich keine Bindungswirkung für die Projektpartner. Dies hat zwei Gründe:

- Zum einen können umsetzbare Strategien nicht ohne Bezug zur konkreten Situation und zu den tatsächlichen Zielen eines existierenden Unternehmens formuliert werden. In der Forschungspartnerschaft INFRAFUTUR wurden dagegen Unternehmenstypen untersucht. Deshalb können die erarbeiteten Strategien nicht ohne Bezug zur eigenen strategischen Grundausrichtung genutzt werden. Eine direkte Übertragbarkeit kann bei dem hier gewählten methodischen Vorgehen nicht entstehen.
- Zum anderen ist die hier geleistete wissenschaftlich fundierte Unternehmens- und Politikberatung prinzipiell als Angebot an kommunale Unternehmen und/oder Kommunalpolitik zu verstehen, die Ergebnisse in eigener Verantwortung im jeweiligen Bereich umzusetzen. Die dafür erforderlichen Anpassungsschritte können zwar wissenschaftlich fundiert aufgezeigt werden. Die Entscheidungen über die Strategieauswahl und deren Umsetzung sind aber Gegenstand der Unternehmensführung oder des kommunalen Handelns und somit in demokratisch legitimierten Gremien zu treffen.

Ziel der Arbeiten im Bereich der Strategieentwicklung war somit eine hinreichende Sammlung möglicher Strategien und deren Bewertung. Das einzelne kommunale Unternehmen sowie die zuständigen Gremien in der jeweiligen Kommune können dann entscheiden, welche Strategien für ihren Kontext relevant erscheinen. Damit sie dies tun können, war es erforderlich, die verschiedenen Strategien nach vergleichbaren Kriterien und Methoden zu entwickeln. Zentraler Aspekt war dabei die Klärung der zu verwendenden Begrifflichkeiten.

6.1.1 Grundentscheidungen über zu entwickelnde Strategiearten

Unter einer Strategie werden für die Forschungspartnerschaft INFRAFUTUR solche **konsistenten Maßnahmenbündel** verstanden, **die darauf gerichtet sind, die aus dem Unternehmenszweck des jeweiligen Grundtyps abgeleitete Vision zu erreichen.** In ihr werden somit **alle Kräfte eines Unternehmens** benannt, **die es zu entwickeln und einzusetzen gilt, damit die formulierten Ziele erreicht werden können.** Der Instrumenteneinsatz basiert auf der Einschätzung der eigenen Stärken und Schwächen und den sich bietenden Chancen bzw. drohenden Gefahren. Diese Definition enthält eine ganze Reihe von Aspekten, die bei der Strategieentwicklung zu beachten waren:

- Sie macht es erstens erforderlich, dass man weiß, was man will. Hierzu gehört auch, dass festgelegt wird, was man nicht will. Letzteres explizit zu formulieren ist notwendig, weil dadurch vermieden werden kann, dass sich kurzfristig bietende „Gelegenheiten" zu einer Verzettelung führen oder im Extremfall sogar kontraproduktiv wirken (Vermeidung von „Schnäppchenmentalität" zugunsten langfristigem und strukturiertem Denken). Als Basis für die Erarbeitung der Strategien war die endgültige Formulierung der Mission Statements erforderlich, die in den Sparten für die Grundtypen der Unternehmensausrichtung bis dahin nur vorläufig formuliert worden waren. Die Überarbeitung erfolgte anhand der Ergebnisse der SWOT-Analyse. Darüber hinaus waren auf der Basis der Mission Statements die Visionen zu formulieren, die Perspektiven der typisierten Unternehmen. Daraus ergab sich der sogenannte Mission-Vision-Zusammenhang: Wo wollen/werden wir in zehn Jahren stehen? Der in den entwickelten Zielsetzungen zum Ausdruck kommende Wille sollte mit Ausdauer verfolgt werden.
- Zweitens ergab sich aus dem engen Bezug zu konkreten Zielsetzungen, dass es nicht darum gehen konnte, Erfolgsstorys von Unternehmen auszuwerten, Gesetzmäßigkeiten des Erfolgs herauszufinden und dann kopierbare Muster zusammenzustellen.
- Aufgrund der Zukunftsorientierung von Strategien ergab sich drittens nicht nur die Notwendigkeit, die in der Zukunft erwarteten Entwicklungen einzubeziehen (Ergebnisse der externen Analyse in Form von Szenarien), sondern auch, dass Entscheidungen gebündelt werden, die entweder unverzüglich zu treffen sind oder die bereits jetzt benannt und zu bestimmten Zeitpunkten oder bei Eintreten bestimmter Ereignisse zu treffen sein werden. Die zeitliche Anordnung der Entscheidungen kann durch Meilensteine strukturiert werden, wobei zugleich die Intensität des Instrumenteneinsatzes relevant ist.
- Viertens bestand bei der Strategieentwicklung aber auch ein starker Bezug zu Gegenwart und Vergangenheit, da die eigenen Stärken und Schwächen (Ergebnisse der internen Analyse) aktuell bestehen und in der Vergangenheit entstanden sind. Sie können sogar weit in die Zukunft reichen, wenn sich die Bedingungen, die zur Ausbildung der

Stärken und Schwächen geführt haben, zu stabilen Strukturen verfestigt haben.

- Schließlich ist darauf hinzuweisen, dass fünftens die zu entwickelnden Strategien allumfassend sein müssen. Da keine Gegensätze langfristig versus kurzfristig oder übergeordnet versus detailorientiert bestehen, waren bei der Strategieentwicklung taktische Aspekte mit einzubeziehen. Darüber hinaus ist Klarheit darüber erforderlich, dass die gewählte Strategie auch bei Detailentscheidungen handlungsleitend sein sollte. Kurzfristige Detailentscheidungen, die nicht als Beitrag zur Strategieumsetzung gesehen werden, ergeben keine Taktik, sondern bergen die Gefahr des Taktierens mit unerwünschten und weit reichenden Folgen.

Die Strategien wurden auf **Spartenebene für die jeweils drei Grundtypen der Unternehmensausrichtung** erarbeitet. Innerhalb der spartenspezifischen Strategien waren einerseits die relevanten Geschäftsbereiche abzudecken. In der Sparte Energie waren dies z.B. der Netzbetrieb, die Energiegewinnung und Eigenerzeugung (fossil/regenerativ) bis hin zu kompletten Energiedienstleistungen und der Vertrieb (von Energieträgern und Dienstleistungen). Andererseits waren auch die Funktionsbereiche zu berücksichtigen (z.B. Finanzierung, Beschaffung, Absatz, öffentliche Meinungsbildung), so dass insgesamt eine ausreichende Differenzierbarkeit entstand.

Hinsichtlich der Schwerpunktsetzung sollte auf Einseitigkeit verzichtet werden. Dies bedeutet, dass **eigene Ressourcen** (vorhandene und sich entwickelnde Kernkompetenzen, Bezug zu Stärken und Schwächen, die bei der internen Analyse ermittelt wurden) ebenso berücksichtigt werden sollten wie **identifizierte Markterfordernisse** (Aktivitäten der Konkurrenten, Branchentrends, Zukunftsanforderungen, die bei der externen Analyse in Form von Szenarien betrachtet wurden).

Bei den Instrumenten waren nicht nur solche einzubeziehen, die auf **Wachstum** gerichtet sind. Die **Stabilisierung** von Märkten war ebenso zu überprüfen wie der (sofortige oder verzögerte) **Rückzug** von einzelnen Tätigkeitsfeldern (z.B. bei Wasser/Abwasser die Konzentration auf leitungsgebundene Aktivitäten).

Das in den Strategien abzubildende **räumliche Aktionsfeld** ergab sich in erster Linie aus der Orientierung an den **Grundtypen**. Dabei waren allerdings zwei Aspekte zu berücksichtigen: Zum einen kann die regionale Expansion auch die internationale Ebene mit einschließen. Zum anderen können auch der Komplettdienstleister und der Netzbetreiber (bzw. Logistiker) über die eigenen Stadtgrenzen hinaus mit Unternehmen kooperieren (z.B. in Form von Einkaufsgemeinschaften, gemeinsamen Werkstätten und/oder Labors). Dabei handelt es sich aber nicht um eine aktive Marktexpansion, sondern in der Regel um Reaktionen auf externe Anforderungen zur Kostenreduktion.

6.1.2 Entwicklung von Strategien für kommunale Infrastrukturunternehmen

Eine ganze Reihe von Aspekten sind kennzeichnend für Strategien kommunaler Infrastrukturunternehmen, die den Aufgabenstellungen der kommunalen Daseinsvorsorge verpflichtet sind und sich – der Aufgabenstellung von INFRAFUTUR entsprechend – im Spannungsfeld von Wettbewerb, Klimaschutz und Qualität befinden. Die nachfolgend genannten Gesichtspunkte wurden bei der spartenspezifischen Strategieentwicklung berücksichtigt:

- Die Strategien beschreiben für jeden der drei Grundtypen gewissermaßen den Korridor für den Weg, wie die gesetzten Ziele (Mission/Vision) erreicht werden können. Ein in diesem Sinne planvolles Handeln soll den Unternehmen langfristig eine vorteilhaftere Position ermöglichen. Während sich aus Ausgangslage und Zielsetzung die Richtung ergibt, deckt die Strategie die Breite des geeigneten Instrumenteneinsatzes (mit den Dimensionen Zeit und Intensität) ab.
- Hierzu waren zunächst die notwendigen Strategiefelder zu entwickeln, die sich aus dem jeweiligen Mission-Vision-Zusammenhang ergeben. Differenzierungen ergaben sich hinsichtlich der Bedeutung für die einzelne Strategie, der zeitlichen Verteilung und der Dimensionierung des Instrumenteneinsatzes.
- Den Strategiefeldern waren zum einen die Handlungsoptionen zuzuordnen, die bei der SWOT-Analyse gewonnen worden waren. Zum anderen waren mögliche Synergien und die Erkenntnisse aus der Untersuchung der Auswirkungen der Liberalisierung einzubeziehen.
- Anschließend waren die zu ergreifenden Aktivitäten (die zu bündelnden Maßnahmen) zeitlich zu ordnen und ihre Intensität zu dimensionieren.
- Da Strategien nicht nur auf das zu erreichende Ziel bezogen werden sollten, sondern auch der Weg dahin strukturiert sein sollte, waren auch Meilensteine zu definieren. Durch sie konnte (jeweils) innerhalb des Korridors ein konkretisierter Weg von der Ausgangs- zur Zielsituation skizziert werden, der Strategiepfad.
- Da die Strategien im Nachhaltigkeitskontext zu entwickeln waren, waren ökonomische, ökologische und soziale Ziele gleichermaßen zu berücksichtigen.
- Die zu entwickelnden Strategien hatten mit Hilfe von drei qualitativ beschriebenen Szenarien (Szenario I: Spiel der Marktkräfte durch Rückzug des Staates, Szenario II: Trendentwicklung von Märkten und staatlich festgelegten Rahmenbedingungen, Szenario III: Umorientierung der Marktprozesse durch Umsetzung einer konsequenten Nachhaltigkeitspolitik) künftige Entwicklungen zu antizipieren.
- Sie basieren aber auch auf den Entwicklungen der Vergangenheit. Die Ausgangslage ist das Ergebnis des Zusammenwirkens von externen Faktoren und den aufgebauten Stärken und entstandenen Schwächen.
- Die entwickelten Strategien zum Auf- und Ausbau sowie zum substanziellen Erhalt dezentraler Infrastrukturen bestimmen das Handeln

kommunaler Infrastrukturunternehmen im Konkurrenzverhältnis zu „zentralen" privatwirtschaftlich agierenden Wettbewerbsunternehmen. Die Strategien (und Strategiepfade) konnten somit nicht ohne Bezugnahme auf die Konkurrenzsituationen und deren Entwicklung erarbeitet werden.

- Die Strategien benötigten für ihre erfolgreiche Umsetzung einen Katalog von konkreten Maßnahmen für die betroffenen Strategiefelder, die zu Maßnahmenbündeln zusammengefasst wurden. Dies sind die Strategieelemente (z.b. Investitionspläne, Kampagnen, Kooperationskonzepte).
- In Zeiten sich schnell wandelnder Rahmenbedingungen (EU-Vorgaben, Liberalisierung etc.) sollten sich Strategien durch Flexibilität auszeichnen. Durch sie wird es möglich, bei gleich bleibenden Zielen rasch auf geänderte Rahmenbedingungen oder interne Gegebenheiten zu reagieren. Darüber hinaus können Strategien schnell verändert oder erweitert werden, wenn ein ursprüngliches Ziel (z.b. durch eine neue Chance) revidiert oder ein neues bzw. weiteres Ziel angestrebt wird. Die Meilensteine sind insofern nicht nur vorher definierte Wegpunkte, sondern zugleich Stellen, an denen geordnete Strategiewechsel möglich sind. Damit verbunden ist der Gesichtspunkt, beim Erreichen der Meilensteine den bis dahin erzielten Erfolg zu überprüfen und evtl. notwendige Anpassungen vorzunehmen.

Das Schaubild 13 auf der nachfolgenden Seite ordnet die Phase der Strategieentwicklung in den bisherigen Untersuchungsablauf ein und zeigt die einzelnen Schritte. Es ist mit Abbildung 3 aus Kapitel 3.2.2 identisch.

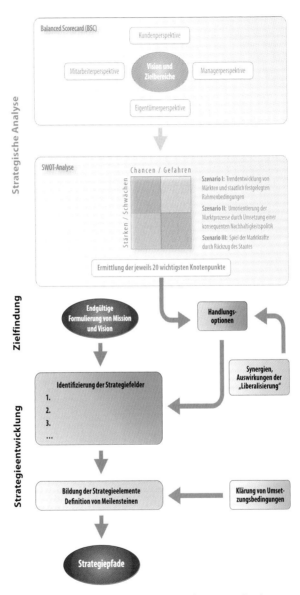

Abb. 13:   Übersicht über die Schritte der Analyse in den Sparten (eigene Darstellung)

Im Kontext der Forschungspartnerschaft INFRAFUTUR wurden Strategiefelder für kommunale Infrastrukturunternehmen ermittelt. Strategiefelder in den Sparten Energie, Wasser/Abwasser und Abfall beinhalten thematisch definierte Bereiche, die für die künftige Entwicklung der kommunalen Unternehmen von besonderer Bedeutung sind und innerhalb derer jetzt oder künftig Weichenstellungen (Entscheidungen) erfolgen müssen, um die formulierten Teilziele zu erreichen bzw. um erfolgreich im Spannungsfeld von Wettbewerb, Klimaschutz und Qualität als Unternehmen der kommunalen Daseinsvorsorge agieren zu können. Vor dem Hintergrund der in den Sparten vorgenommenen SWOT-Analysen und der Auswahl der jeweils 20 wichtigsten Knotenpunkte wurden aus den Entwürfen für den Mission-Vision-Zusammenhang im Projektkontext folgende **Strategiefelder** identifiziert:

- Kundenorientierte Dienstleistungen mit zum Teil hohem Individualitätsgrad,
- Lokale Beiträge zum Klima- und Ressourcenschutz,
- Qualitätswettbewerb zu konkurrenzfähigen Preisen oder angemessenen Gebühren,
- Sichere und zuverlässige Ver- bzw. Entsorgung,
- Nachhaltige dezentrale Infrastrukturen,
- Moderne Arbeitsplätze[1] mit kompetentem und gut qualifizierten Personal[2],
- Kooperationen und Synergien,
- Nutzen für den kommunalen Eigentümer sowie gesellschaftliche Verantwortung,
- Beeinflussung der Rahmenbedingungen kommunaler Unternehmen und
- Öffentlichkeitsarbeit.

Diese Strategiefelder konnten bei allen Sparten und allen Grundtypen genutzt werden. Für die Sparten-Arbeitskreise ergab sich somit folgende Aufgabenstellung:

- Für die jeweilige Sparte war bei jedem Grundtyp zu prüfen, ob die o.g. Strategiefelder mit den aus Spartensicht relevanten Strategiefeldern je Grundtyp übereinstimmen.
- Anschließend waren den Strategiefeldern die aus den Knotenpunkten entwickelten Handlungsoptionen zuzuordnen.
- Ebenso waren die Handlungsoptionen zuzuordnen, die sich aus den Aspekten Synergien und Auswirkungen der Liberalisierung ergeben.
- Schließlich waren Maßnahmenpakete als Strategieelemente zu definieren. Für die Ermittlung der jeweiligen Strategieelemente erfolgte ein nochmaliges Screening der Mission Statements (und dabei insbesondere

---

1 Modern bezieht sich auf die Technikausstattung und den Aspekt Arbeitsschutz.

2 Das Personal hat viele Kompetenzen aufgebaut, die nicht in formalen Kursen erlernbar sind. Dazu gehören u.a. die Kenntnis der lokalen Verhältnisse, aber auch die konkreten Erfahrungen, die durch stabile Arbeitsbeziehungen entstehen. Hinzu kommt eine aktive Qualifizierung (Fort- und Weiterbildung, formal und individuell) bzw. ein Personalentwicklungskonzept zur Sicherstellung der erforderlichen Qualifikationen.

der darin enthaltenen Ziele), der ausgewählten Knotenpunkte und der Handlungsoptionen. Im Rahmen der SWOT-Analyse waren aus den verschiedenen Perspektiven der BSC die strategierelevanten Punkte ausgewiesen und bewertet worden. Durch die Strategieelemente sollten alle wichtigen Teilaspekte des Strategiefeldes repräsentiert werden.

6.1.3   Benennen der Umsetzungsbedingungen

Für die Beurteilung der Strategien ist von großer Bedeutung, welche **Umsetzungsbedingungen** jeweils gegeben sind. Deshalb waren diese zu ermitteln und anzugeben. Strategieentwicklung erfolgt einerseits zielorientiert und ist andererseits eine Reaktion auf erwartete künftige Entwicklungen. Die entwickelte Strategie hat Maßnahmenpakete zum Inhalt, die geeignet sind, die gesteckten Ziele zu erreichen und damit die sich bietenden Chancen zu nutzen sowie erkennbare Gefahren zu meistern. **Bei der Strategieentwicklung tritt zunächst die Frage in den Hintergrund, ob die Strategie tatsächlich umsetzbar ist.**

Aus diesem Grund musste **vor der endgültigen Festlegung der Strategie** danach gefragt werden, welche **Umsetzungsbedingungen fördernd oder behindernd wirken** könnten. Dabei konnte auf den bei der strategischen Analyse gewonnenen Ergebnissen aufgebaut werden.

Konkrete Umsetzungsbedingungen können nur für **konkrete strategische Maßnahmenbündel** analysiert werden. Hierbei war zwischen **internen und externen Umsetzungsbedingungen** zu unterscheiden:

- Hinsichtlich der **internen Umsetzungsbedingungen** war vor allem zu fragen, welche Kompetenzen und Ressourcen erforderlich sind, um die Maßnahmenpakete umzusetzen, welche Organisationsänderungen notwendig sind, wie lange Änderungen dauern werden und wie groß die Unterstützung durch die Beschäftigten und die Anteilseigner sein muss. Dabei nahmen das Zielsystem (Zweck des Unternehmens, Werte, mittelfristige Ziele) und dessen Veränderung sowie die bisherigen Ressourcen und der Unterschied zu den benötigten Ressourcen die wichtigsten Rollen ein.
- **Externe Umsetzungsbedingungen** sind vor allem die in den Szenarien unterstellten Entwicklungen. Darüber hinaus war zu fragen, ob es weitere Bedingungen gibt, die in den Szenarien nicht berücksichtigt wurden. Entscheidend war dabei nicht nur, ob die erkannten Trends eintreten, sondern auch, ob sie für das eigene Unternehmen genutzt werden können (bzw. wie sie konkret wirken). Beispielsweise erfordert eine beabsichtigte Kooperation mit anderen kommunalen Unternehmen nicht nur eigene Anstrengungen, sondern auch die Bereitschaft von potenziellen Partnern. Dabei können sowohl die jeweilige Größe als auch die räumliche Nähe bzw. Entfernung entscheidende Aspekte sein.

Die Umsetzungsbedingungen hatten **Einfluss sowohl auf die Festlegung der Reihenfolge der Maßnahmenbündel** (und der Einzelmaßnahmen innerhalb dieser Pakete) **als auch auf die Dimensionierung des Mitteleinsatzes.** Deshalb hatten sie einen entscheidenden Einfluss auf die Formulierung der **Meilensteine**. Das nachfolgende Schaubild kann als Checkliste für die Überprüfung der Strategien genutzt werden.

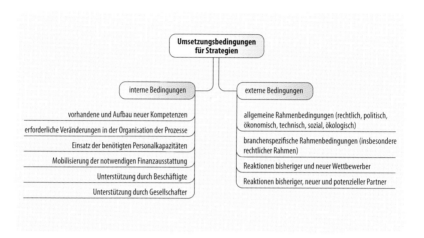

Abb. 14: Interne und externe Umsetzungsbedingungen für Strategien

6.1.4 Festlegung von Meilensteinen

Die Strategieentwicklung ist mittel- bis langfristig ausgelegt. Sie stellt sicher, dass sich ein Unternehmen (oder ein Unternehmensverbund) in den kommenden Jahren auf die zentralen Ziele und die dafür wichtigen Aktivitäten konzentriert. Um den Zeitraum zwischen der Ausgangs- und der angestrebten Zielsituation zu strukturieren sowie den Umsetzungsprozess leichter überprüfbar zu machen, ist es sinnvoll, Meilensteine zu setzen. Die **Meilensteine** stellen die **Schnittstelle zwischen Strategieentwicklung und Strategieumsetzung** dar. Dies gilt in beide Richtungen, da beim Erreichen von Meilensteinen zugleich überprüft werden sollte, ob die bei der Strategieformulierung unterstellten Umsetzungsbedingungen eingetreten sind oder noch eintreten werden (soweit extern beeinflusst) bzw. realisiert werden konnten oder als noch realisierbar erscheinen (soweit intern steuerbar).

Bei Strategien (und deren Umsetzung in Einzelprojekten) werden unter Meilensteinen **Ereignisse von besonderer Bedeutung** verstanden. Üblicherweise handelt es sich dabei um den **Anfang und das Ende einer notwendig zu durchlaufenden Phase** (z.b. Entscheidung über die Aufnahme einer Kooperation und Abschluss der Kooperationsvereinbarung). Bei längeren Prozessen lassen sich auch wesentliche Zwischenereignisse definieren (im obigen Beispiel etwa den Abschluss der Suche nach möglichen Partnern und die Aufnahme von Kooperationsverhandlungen). Gemeinsam ist allen Meilensteinen, dass sie folgende **Bestandteile** aufweisen sollten:

- Klare Bezeichnung des Meilensteins,
- Festlegung des Ressourceneinsatzes,
- Benennung des/der Verantwortlichen,
- Festlegung des Termins sowie der
- Indikatoren zur Bewertung des Ereignisses in Bezug auf die strategische Zielsetzung und
- Benennung der Voraussetzungen, die nötig sind, um den Meilenstein zu erreichen (z.b. die erforderliche Ressourcenausstattung oder die rechtliche Zulässigkeit der angestrebten Kooperationsform).

Der zuletzt genannte Punkt stellt die Verbindung zu den Umsetzungsbedingungen der Strategie her.

Bei Meilensteinen handelt es sich häufig um **Entscheidungspunkte**. Dabei werden in der Regel die Werte **quantitativer Indikatoren** sowie **qualitative Einschätzungen** herangezogen. Bei vielen Meilensteinen geht es aber nicht nur um Entscheidungen, sondern um darum, dass die **Mitarbeiterinnen und Mitarbeiter durch die Vorgabe plausibler Zwischenschritte motiviert** und bei deren Erreichen das **Ergebnis** der gemeinsamen Arbeit (und auch der Beitrag eines einzelnen Teammitglieds) **bewertet** werden kann.

6.1.5 Überblick über die entwickelten Strategien

In den Spartenuntersuchungen wurden Strategien für die einzelnen Grundtypen der Unternehmensausrichtung und bezogen auf die unterschiedlichen Szenarien entwickelt. Selbstverständlich kann es Strategien geben, die bei Eintreffen der Annahmen von verschiedenen Szenarien gewählt werden können. Dies war auch bei dieser Untersuchung der Fall. Es ist allerdings zu beachten, dass gleich lautende Strategien unter verschiedenen Randbedingungen (Grundtyp und Szenario) zu unterschiedlichen Maßnahmenbündeln führen sollten. Dies gilt sowohl für die genutzten Instrumente als auch für deren Dimensionierung und zeitliche Anordnung.

Insgesamt ergab sich eine **große Zahl möglicher Strategien** (siehe Übersicht in Tabelle 9 auf der nächsten Seite). Für die Strategieentwicklung in konkreten Unternehmen ergibt sich selbstverständlich ein geringeres

Spektrum. Denn dort wird vom Ist-Zustand des konkreten Unternehmens ausgegangen (und nicht von einem Unternehmenstyp). Hinzu kommt, dass die Einschätzung der möglichen Zukunftszustände im konkreten Unternehmen in der Regel nicht in der ganzen Breite erfolgt, sondern lediglich die für individuell für wahrscheinlich gehaltenen. Es findet dann nur noch eine Plausibilitätsüberlegung statt, welche Auswirkungen zu befürchten wären, wenn wichtige Grundannahmen der künftigen externen Entwicklungen nicht zutreffen.

In Tabelle 9 sind auch einige Strategien enthalten, die einen **Wechsel des Grundtyps** der Unternehmensausrichtung bedeuten. Diese sind *kursiv* dargestellt.

Nachfolgend werden exemplarisch Strategien skizziert, die für die einzelnen Sparten erarbeitet wurden. Nur für ausgewählte Strategien wurden dabei auch Maßnahmenbündel zur Umsetzung geschnürt, ihre Umsetzungsbedingungen analysiert (vgl. Kapitel 6.1.3) und Meilensteine definiert (vgl. Kapitel 6.1.4). Auch diese Maßnahmenbündel werden exemplarisch dargestellt. Die Darstellung erfolgt wiederum nach den untersuchten Sparten. Die Spartenberichte enthalten jeweils eine umfassende Dokumentation der entwickelten Strategien und Maßnahmenbündel.

INFRAFUTUR/Mögliche Strategien für die Abfallwirtschaft			
Szenarien	**Kommunaler Logistiker**	**Kommunaler Komplettdienst-leister**	**Regional expandierendes kommunales Unternehmen**
Trendentwicklung	*alternativ möglich:* • Ausbau der wert-stoffbezogenen Handlungsfelder in der Logistik • Serviceorientierte haushaltsbe-zogene Logistik • *Entwicklung zum Komplettdienst-leister*	Ausbau regionaler Dienstleistungen	Ausbau regionaler Dienstleistungen plus bundesweite Angebotsstrategie für spezialisierte Dienstleistungen
Nachhaltigkeit	Ausbau der wert-stoffbezogenen Handlungsfelder in der Logistik	Abfallwirtschaft als Rohstoffwirtschaft	Abfallwirtschaft als Rohstoffwirtschaft plus bundesweite Vermarktung von Endprodukten ⟨ Synergien mit Energie / Wasser ⟩
Marktkräfte	*alternativ möglich:* • Serviceorientierte haushalts-bezogene Logistik • *Entwicklung zum Komplettdienst-leister*	Abfallbehandlung mit wettbewerbs-fähigen Preisen und hohen Standards	Abfallbehandlung mit wettbewerbsfähigen Preisen und hohen Standards plus über-regionale Akquisition von Müllmengen

INFRAFUTUR/Mögliche Strategien für die Wasserwirtschaft

Szenarien	Kommunaler Logistiker	Kommunaler Komplettdienst- leister	Regional expandierendes kommunales Unternehmen
Trendentwicklung	Effizienz- und Qualitätsoffensive	Effizienz- und Qualitätsoffensive	Effizienz- und Qualitätsoffensive in der Region
Nachhaltigkeit	Innovator zum Wohl der Kommune (mit eingeschränkten Möglichkeiten)	Innovator zum Wohl der Kommune	Innovator zum Wohl der Region **Synergien mit Energie / Abfall**
Marktkräfte	*kombiniert möglich:* • Kostenreduktion unter weitgehender Beibehaltung und Kommunikation der hohen Qualitäts- standards • *Entwicklung zum Komplettdienst- leister*	*kombiniert möglich:* • Kostenreduktion unter weitgehen- der Beibehaltung und Kommuni- kation der hohen Qualitätsstandards • *Rückzug auf die Position des Netzbetreibers*	*kombiniert möglich:* • Kostenredukton (u.a. durch Expansion) unter weitgehender Beibehaltung und Kommunikation der hohen Qualitätsstandards • *Abkehr vom Wettbewerb durch Entwicklung zum Komplettdienst- leister*

INFRAFUTUR/Mögliche Strategien für die Energiewirtschaft			
Szenarien	**Kommunaler Logistiker**	**Kommunaler Komplettdienstleister**	**Regional expandierendes kommunales Unternehmen**
Trendentwicklung	*alternativ möglich:* • Netzdienstleister für Nachhaltigkeit • Kostenreduktion und Qualitätskommunikation • *Entwicklung zum Komplettdienstleister*	Eigenerzeugung und Energiedienstleistungen – moderat	Eigenerzeugung und Energiedienstleistungen – moderat
Nachhaltigkeit	Netzdienstleister für Nachhaltigkeit	Eigenerzeugung und Energiedienstleistungen – Ziel Nachhaltigkeit	Eigenerzeugung und Energiedienstleistungen – Ziel Nachhaltigkeit
		Synergien mit Abfall / Wasser	
Marktkräfte	*kombiniert möglich:* • Kostenreduktion und Qualitätskommunikation • *Entwicklung zum Komplettdienstleister*	Kostenreduktion und Qualitätskommunikation	*kombiniert möglich:* • Kostenreduktion und Qualitätskommunikation • *Reduktion zum Komplettdienstleister*

Tab. 9: Übersicht über die im Rahmen von INFRAFUTUR entwickelten Strategien
(eigene Darstellung)

6.2 Exemplarische Strategie für die Sparte Energie

Zu den in Tabelle 9 genannten Strategien für die Sparte Energie wurden folgende Maßnahmenbündel geschnürt und analysiert. Sie decken die meisten Strategien ab.

Strategische Maßnahmenbündel der Sparte Energie			
Szenarien	**Kommunaler Netzbetreiber**	**Kommunaler Komplettdienst- leister**	**Regional expandierendes kommunales Unternehmen**
Trendentwicklung	**Entwicklung zum Komplettdienst- leister** 1. Maßnahmen- bündel zu dieser Strategie	Eigenerzeugung und Energiedienst- leistungen – moderat *Angepasst übertragbar:* *1. Eigenerzeugung* *2. Energiedienst- leistungen*	Eigenerzeugung und Energiedienst- leistungen – moderat *Angepasst übertragbar:* *1. Eigenerzeugung* *2. Energiedienst- leistungen*
Nachhaltigkeit		**Eigenerzeugung und Energiedienst- leistungen – Ziel Nachhaltigkeit** 1. Eigenerzeugung 2. **Energiedienst- leistungen (EDL)**	Eigenerzeugung und Energiedienst- leistungen – Ziel Nachhaltigkeit *Angepasst übertragbar:* *1. Eigenerzeugung* *2. Energiedienst- leistungen*
Marktkräfte	Kostenreduktion und Qualitäts- kommunikation *Angepasst übertrag- bar:* *1. Kostenreduktion* *2. Qualitäts- kommunikation* **Entwicklung zum Komplettdienst- leister** 1. Maßnahmen- bündel zu dieser Strategie	Kostenreduktion und Qualitäts- kommunikation *Angepasst übertragbar:* *1. Kostenreduktion* *2. Qualitäts- kommunikation*	**Kostenreduktion und Qualitäts- kommunikation** 1. Kostenreduktion 2. Qualitäts- kommunikation

Tab. 10: Strategische Maßnahmenbündel der Energiesparte (eigene Darstellung)

Für die exemplarische Darstellung im Sektor Energie wurde die Strategie **„Eigenerzeugung und Energiedienstleistungen – Ziel Nachhaltigkeit"** ausgewählt. Sie wurde für den Komplettdienstleister im Nachhaltigkeitsszenario entwickelt, ist aber mit Anpassungen auch für das regional expandierende Unternehmen im Nachhaltigkeitsszenario und mit weiterer Anpassung an die Rahmenbedingungen für beide Grundtypen auch für das Trendszenario relevant. Hinzu kommt, dass dies eine innovative Strategie ist, während z.B. Kostenreduktion defensiv ist. Die Entwicklung zum Komplettdienstleister wird als wenig praxisrelevant angesehen, weil es wenig reine Netzbetreiber gibt.

6.2.1   Kurzdarstellung der Strategie

Diese Strategie ist die Antwort auf ein Nachhaltigkeits-Szenario, in dem die Perspektiven dezentraler Infrastrukturen von einer klimaschutzmotivierten Energiepolitik und einer Politik geprägt sind, die wirtschaftliche Betätigung der Kommunen zur Verbesserung der Nachhaltigkeit ermutigt und erlaubt. Die dafür erforderlichen Rahmenbedingungen sind gemäß den Annahmen in diesem Szenario geschaffen.

Zum Strategiefeld[3] **„Kunden- und bedürfnisorientierte Energiedienstleistungen"** zählt die systematische Erschließung der Endenergieeffizienz. Kommunale Komplettdienstleister können ihren Kund(inn)en vielseitige Effizienzdienstleistungen anbieten und die Kosten dieser Dienstleistungen über einen bundesweit eingerichteten EnergieSparFonds finanzieren, soweit nicht marktfähige Produkte wie Contracting möglich sind. Ein Angebot „Wärmeservice+Effizienz" beinhaltet die Möglichkeit, dass Stadtwerke ihren Kunden Raumwärme in KWK erzeugen. Das Serviceangebot schließt mit ein, dass die Stadtwerke zuvor den Wärmeschutz des Gebäudes verbessern und die vorhandenen Stromeinsparpotenziale mit Hilfe der Effizienzdienstleistungen erschließen. Im Rahmen eines zeitlich befristeten Contractingvertrages fließen die vorgeschossenen Kapitalkosten für getätigte Effizienzmaßnahmen beim Wärmeschutz über den Wärmepreis an die Stadtwerke zurück. Durch Förderprogramme des Bundes für die Wärmedämmung ist dies wirtschaftlich möglich. Die Kosten für die Programme zur Steigerung der Endenergieeffizienz bei Stromanwendungen bei kleineren Kund(inn)en oder Projekten werden mit Hilfe des EnergieSparFonds auf alle Stromkund(inn)en umgelegt.

Das Strategiefeld **„Örtlicher und regionaler Klimaschutz"** hat für den kommunalen Komplettdienstleister im Rahmen der Strategiealternative „Nachhaltigkeit" zentrale Bedeutung. Den klimaschutzpolitischen Notwendigkeiten kann er dabei in allen Belangen Rechnung tragen. Hierzu zählen einerseits die oben genannten Angebote zur Steigerung der Endenergieeffizienz. Andererseits wird auch die dezentrale Strom- und

---

3 vgl. Kap. 6.1.2. für die Definition des Begriffs „Strategiefeld"

Wärmeerzeugung in Kraft-Wärme-Kopplung und mit erneuerbaren Energien entschieden ausgebaut. Die Unternehmen errichten örtlich angesiedelte KWK-Anlagen, in denen vorrangig Biogas und Biomasse (letzteres überwiegend Holzpellets und Holzhackschnitzel) zum Einsatz kommen. Auf geeigneten Dachflächen werden größere Photovoltaikanlagen (> 50 kW) installiert. Stadtwerke beteiligen sich darüber hinaus auch an Offshore-Windparks in Nordwesteuropa sowie an solarthermischen Kraftwerken, die in Südeuropa entstehen. So bauen die Stadtwerke ihre Stromerzeugung auf der Basis regenerativer Energieträger konsequent aus und nutzen dabei pro-aktiv die Zielvorgaben und Rahmensetzungen der Bundesregierung zum Thema Klimaschutz und Nachhaltigkeit. Fossile Energieträger werden im Wärmemarkt zunehmend ersetzt und überwiegend nur noch zur Stromerzeugung in Kraft-Wärme-Kopplungsanlagen eingesetzt. Um den Erfordernissen des örtlichen und regionalen Klimaschutzes umfassend Rechnung tragen zu können, erstellen die Unternehmen CO_2-Minderungsprogramme. Einige Vorreiter stellen ihren Kund(inn)en nur noch Strom zur Verfügung, der ganz auf Basis von regenerativen Energien erzeugt worden ist. Anteile aus fossiler Stromerzeugung werden vorrangig dann zugelassen, wenn sie zu hundert Prozent aus Kraft-Wärme-Kopplung stammen. Durch die vorgenommene Einspeisung von Biogas in das Erdgasnetz (Anteile von rund 10%) haben die Gas-Kund(inn)en die Wahl, auf Wunsch ausschließlich Biogas zu beziehen und damit eigene Klein-BHKW in ihren Ein-, Zwei- oder Mehrfamilienhäusern regenerativ und damit nahezu CO_2-frei zu betreiben.

Nach bereits erfolgter Umsetzung der vorhandenen Kostensenkungspotenziale fokussiert sich der „**Qualitätswettbewerb zu konkurrenzfähigen Preisen**" auf Maßnahmen zur Steigerung der Energieeffizienz. Für diesen Zweck werden neue Energiedienstleistungen entwickelt mit dem Ziel, die Jahresenergiekostenrechnung bei den Kund(inn)en zu senken. Im Zuge dieser Aktivitäten beteiligen sich die kommunalen Komplettdienstleister pro-aktiv an den Programmen des bundesweiten EnergieSparFonds, mit deren Hilfe die Kosten für Effizienzmaßnahmen auf die Strom- und Gaspreise umgelegt werden können. Der Rückgang beim Kilowattstundenumsatz wird zunehmend durch das Erbringen von technischen Dienstleistungen (über)kompensiert. Komplettdienstleister können sich dabei erfolgreich als Akteur auf einem der größten Wachstumsmärkte (Umwelt- und Effizienztechnologien) der Zukunft etablieren. Zum Qualitätswettbewerb gehört außerdem der forcierte Ausbau der regenerativen Energien im Strom- und Wärmebereich. Ersatzinstallationen von Elektroheizungen kommen nur noch in Ausnahmefällen in Frage, Ziel ist vielmehr, ihren vollständigen Ersatz durch umweltfreundlichere Heizalternativen abzuschließen.

Zur Gewährleistung einer **sicheren und zuverlässigen Energieversorgung** erfolgt eine Optimierung der Netzstruktur hinsichtlich Sicherheit und Verfügbarkeit, um störfallbedingte Lieferunterbrechungen möglichst zu vermeiden und die ausgeweitete dezentrale Erzeugung offensiv zu ermöglichen. Diese Investitionen in intelligente Netze werden aufgrund des geänderten Energierechts von den Aufsichtsbehörden im vollen Umfang anerkannt. Außerdem nehmen die Regulierungsbehörden Rücksicht auf geringere Netzauslastungen, die sich aufgrund klimaschutzmotivierter Steigerungen der Endenergieeffizienz und aufgrund des demografischen Wandels ergeben. Im Zuge einer Ökologisierung der Energieerzeugung schließen die kommunalen Komplettdienstleister eigene und private KWK-Anlagen sowie andere eigene und private Stromerzeugungsanlagen zu virtuellen Kraftwerken zusammen und ergänzen damit den Betrieb ihrer eigenen Anlagen. Mit einer Diversifizierung der Strom- und Gasbeschaffungsoptionen sowie durch die kooperative Schaffung bzw. Mitnutzung von Erdgasspeichern werden die Abhängigkeiten gegenüber Vorlieferanten verringert. Eine sichere und zuverlässige Energieversorgung wird außerdem durch Beteiligungen an regenerativen Gemeinschaftsanlagen (Offshore-Windkraftanlagen an Nordsee- und Atlantikküste sowie solarthermischen Kraftwerken in Südeuropa) gewährleistet.

Beim Ausbau **nachhaltiger dezentraler Infrastrukturen** setzen die kommunalen Komplettdienstleister auf den Ausbau der Eigenerzeugung und der Energiedienstleistungen. Dabei steht im Bereich Stromerzeugung hauptsächlich der Ausbau (und die Beteiligung) der regenerativen Energien ebenso im Vordergrund wie der Ausbau der Nah- und Fernwärmenetze. Neubaugebiete werden nur dann mit Erdgasnetzen erschlossen, wenn die Installation von Nah- und Fernwärme nicht sinnvoll ist. In bestehenden Siedlungsgebieten werden vorhandene Erdgasnetze zum Teil zurückgebaut, wenn man dort auf Wärmenetze zurückgreifen kann. Es entstehen eigene Windparks an geeigneten Standorten im Binnenland und zunehmend beteiligen sich die kommunalen Unternehmen an großen Offshore-Windparks an der Nordsee- und Atlantikküste. Die technischen Fortschritte bei der Entwicklung kleiner und kleinster KWK-Anlagen haben zur Folge, dass immer mehr private Anwender auf die rentablen Möglichkeiten der dezentralen Strom- und Wärmeerzeugung zurückgreifen. Neue Umwandlungstechniken (Mikro-KWK) wie motorisch betriebene Kleinst-BHKW, in Heizkessel integrierte Dampfmotoren, Stirlingmaschinen und die Serienfertigung von betriebssicheren Brennstoffzellen bestimmen zunehmend die Perspektiven der dezentralen Stromerzeugungsstruktur. Die dynamische Entwicklung bewirkt, dass die industrielle Serienfertigung immer größere Stückzahlen erreicht und diese dezentralen Stromerzeugungstechniken einen Massenmarkt erobern.

Die kommunalen Komplettdienstleister sind darin erfolgreich, ihre **modernen Arbeitsplätze mit kompetentem und gut qualifiziertem Personal** zu besetzen. Da der Markt für Umwelt- und Effizienztechnologien zu einem der größten Innovations- und Wachstumsmärkte der Zukunft zählt, können die Unternehmen die damit einhergehenden Chancen für zukunftsgerechte Arbeitsplatzgestaltung nutzen. Durch betriebliche Weiterbildungs- und Qualifizierungsangebote in ökologischen Belangen wird die hohe Mitarbeitermotivation weiter verbessert. Durch flexible Arbeitszeitregelungen (z.B. während und nach der Schwangerschaft) können für die Mitarbeiter attraktive und familienfreundliche Arbeitsplätze angeboten werden. Außerdem sind die Unternehmen bestrebt, ihre Genderkonzeption weiterzuentwickeln.

„Kooperationen und Synergien": Stadtwerke kooperieren untereinander bei der Realisierung von Eigenerzeugungsanlagen und spezialisierten Energiedienstleistungen. Beim forcierten Ausbau der regenerativen Energien arbeiten die kommunalen Unternehmen mit Partnern aus dem In- und Ausland zusammen. Dies gilt vor allem bei Beteiligungen an Offshore-Windkraftanlagen (an Nordsee- und Atlantikküste) und an solarthermischen Kraftwerken in Südeuropa. Weitere Kooperationen gibt es mit Großkunden beim Bau und Betrieb von Kraft-Wärme-(Kälte-)Kopplungsanlagen. Stadtwerke können außerdem Synergien zwischen den kommunalen Sparten Abfall und Wasser/Abwasser durch Austausch von branchenspezifischen Kompetenzen sinnvoll nutzen und so ihre Dienstleistungsqualität verbessern. Vor allem kommen dabei folgende Gemeinschaftsprojekte in Frage: Energetische Klärgas- und Klärschlammverwertung in KWK, Biogaserzeugung und Einspeisung, Wasserkraftnutzung, Ausbau der Fernwärme aus Müllheizkraftwerken usw. Aufgrund ihres fachspezifischen Know-hows können die kommunalen Komplettdienstleister kommunale Unternehmen in anderen Ländern dabei unterstützen, die dortigen Potenziale in den Bereichen Energieeffizienz und erneuerbare Energien zu erschließen.

„Nutzen für den kommunalen Eigentümer eines modernen Infrastrukturunternehmens in gesellschaftlicher Verantwortung": Aufgrund der gesetzlichen Rahmensetzungen können die kommunalen Komplettdienstleister zuverlässige Beiträge für die Gemeindefinanzen (Zahlung von Gewinnabführungen, Gewerbesteuern und Konzessionsabgaben) leisten. Aufgrund ihrer erfolgreichen Geschäftstätigkeit bei dezentralen Anlagen und bei der Steigerung der Endenergieeffizienz können die Impulse für die örtliche und regionale Wertschöpfung nachhaltig ausgebaut werden. Gemeinwohlorientierte Aktivitäten mit hoher Identifikationswirkung können die Unternehmen mit verstärkter Intensität ausüben. Darüber hinaus zeigen die Unternehmen soziale Verantwortung in unterschiedlichen gesellschaftlichen Bereichen (z.B. Kultur und Sport) und vertiefen ihre dortigen Aktivitäten im Rahmen einer Corporate Social Responsibility (CSR). Die Städte und Gemeinden können darüber hinaus bei der Umsetzung der lokalen Agenda 21 unterstützt werden.

Im Strategiefeld **„Öffentlichkeitsarbeit und die Beeinflussung der Rahmenbedingungen kommunaler Unternehmen"** macht der kommunale Komplettdienstleister seine Aktivitäten im Bereich Umwelt- und Klimaschutz zum Schwerpunkt seiner Arbeit. Das heißt, die Unternehmen kommunizieren ihre verantwortungsvolle Rolle als Vorreiter und Leitbildträger. In diesem Zusammenhang werden entsprechende Demonstrations- und Pilotprojekte über die Medien kommuniziert, einschließlich der erzielbaren CO_2-Minderungseffekte. Die Öffentlichkeitsarbeit informiert darüber hinaus die Medien über die vielfältigen Unternehmensaktivitäten aus dem Bereich der Corporate Social Responsibility. Dabei wird gleichzeitig auch der zuverlässige Beitrag des Komplettdienstleisters für den städtischen Haushalt und die Bedeutung des Unternehmens für die örtliche und regionale Wirtschaftskraft herausgestellt („Bürgerrendite"). Da sich die staatlichen Rahmenbedingungen bereits konsequent in Richtung Nachhaltigkeit entwickelt haben, entfallen weitgehend die Bemühungen zur Beeinflussung dieser Rahmenbedingungen.

Beim Strategiefeld „**Expansion**" (in neue Geschäftsfelder oder im Einzelfall hinsichtlich einer räumlichen Ausdehnung der Erzeugungs- und Vertriebsaktivitäten) konzentriert sich der Komplettdienstleister auf folgende Strategieelemente:

- Entwicklung neuer Dienstleistungen und Geschäftsfelder im erweiterten Energiebereich, insbesondere Endenergieeffizienz (auch außerhalb des eigenen Netzgebietes)
- Ausbau der Eigenstromerzeugung durch Nutzung der Kraft-Wärme-Kopplung und regenerativer Energien (wobei die Erzeugung und Nutzung von Biogas einen wichtigen Stellenwert erhält)
- Räumliche Expansion in den Bereichen Erzeugung und Vertrieb, vor allem mit neuen Energiedienstleistungen (Nutzen der Möglichkeiten, die sich aus der Gemeindeordnung ergeben), um die Energieversorgung in der Region nachhaltiger und sicherer zu machen
- Internationale Kooperationen wie z.B. beim Bau und Betrieb von solarthermischen Kraftwerken in Südeuropa
- Kooperationen mit ausländischen Unternehmen bei der Erschließung der dortigen Potenziale in den Bereichen Energieeffizienz und erneuerbarer Energien (Wasser, Wind, PV, Biomasse und Geothermie)

6.2.2 Beispiel für ein strategisches Maßnahmenbündel und seine Umsetzungsbedingungen sowie Meilensteine

Als Beispiel für ein strategisches Maßnahmenbündel wurde „**Energiedienstleistungen**" ausgewählt. Eine nachhaltige energiewirtschaftliche Unternehmenspolitik eines lokalen Komplettdienstleisters ist dadurch gekennzeichnet, dass er seine Bezugsquellen diversifiziert, die örtlichen Potenziale der regenerativen Energien nutzt, dezentrale Kraft-Wärme/Kälte-Kopplung ausbaut und die bei den Kund(inn)en vorhandenen Energieeffizienzpotenziale erschließt. Beim Auf- und Ausbau von kundengruppenspezifischen Dienstleistungen kann der Komplettdienstleister alle genannten Handlungsfelder berücksichtigen. Die Ausweitung der Energiedienstleistungen ist aus Kundensicht in der Regel hoch wirtschaftlich, für den Komplettdienstleister je nach Rahmenbedingungen (s.u.) wirtschaftlich sinnvoll (Verlängerung der Wertschöpfungskette) und klimaschutzpolitisch notwendig. Dabei ergibt sich aus den vielfältigen Kundenkontakten vor Ort für ein kommunales Querverbundunternehmen ein komparativer Wettbewerbsvorteil gegenüber externen Energiedienstleistern, die nicht über die gleiche Vielfalt (Strom, Gas, Wasser, Wärme etc.), Kontinuität und Intensität an Kundenkontakten verfügen. Daher können die meisten Energieeffizienz- und CO_2-Minderungspotenziale im Energiebereich auf örtlicher bzw. regionaler Ebene umfassender und effizienter erschlossen werden. Außerdem kann durch das Angebot von Energiedienstleistungen die Kundenbindung und Kundenzufriedenheit verbessert werden, weil z.b. über die strategische Effizienzsteigerung beim Kunden auch u.U. notwendige Preiserhöhungen für Endenergie gedämpft und damit Lieferbeziehungen und Akzeptanz stabilisiert werden können. Zudem ist aus der Sicht des kommunalen Gesellschafters und des „Konzerns Kommune" ein breit gefächertes Energiedienstleistungsangebot des kommunalen Komplettdienstleisters ein Standortvorteil. Es kann dazu beitragen, den Import von teurer Energie in die Region durch einen höheren Anteil regionaler Wertschöpfung sowie durch Kaufkraft- bzw. Multiplikatoreffekte zu kompensieren. Herausragende Leistungen eines örtlichen Energiedienstleisters können auch einen positiven Faktor für das Standort-Marketing, für Unternehmensansiedlungen sowie für innovative Zulieferer oder Ausgründungen aus wissenschaftlichen Einrichtungen in der Region bilden.

Zu prüfen ist, ob und inwieweit nach einer Phase erfolgreicher Geschäftstätigkeit mit Energiedienstleistungen in einer zweiten Stufe eine Ausweitung in Richtung ökoeffizienter (spartenübergreifender) Dienstleistungen erfolgen kann. Darin eingeschlossen können zum Beispiel sein, Dienstleistungen im Bereich Material- und Ressourceneffizienz (auch in Kooperation mit regionalen Öko-Profit-Netzwerken), Abfallwirtschaft, Facility Management und nachhaltige Mobilität.

Wichtig ist, dass das Unternehmen bei der Konzeption und Ausgestaltung der Energiedienstleistungsangebote auf die unterschiedlichen Bedürfnisse der verschiedenen Kundengruppen Rücksicht nimmt, gegebenenfalls flexibel auf individuelle Kundenwünsche reagiert und „maßgeschneiderte" Dienstleistungen anbietet. Das Dienstleistungsangebot des Komplettdienstleisters berücksichtigt zumindest folgende Kundengruppen:

- Vor-Ort-Großkunden bzw. Industriekunden
- KMU / Gewerbe inkl. Bündelkunden
- öffentliche Liegenschaften sowie
- Privat- und Geschäftshaushalte

Bei den angebotenen Dienstleistungen sind im Wesentlichen folgende Unterscheidungen zu treffen:

- **Stromeffizienzdienstleistungen** (z.B. in den Bereichen Lüftung, Klimatisierung, Druckluft, Beleuchtung, Pumpen, aber auch das Lastmanagement)
- **Gas- und Wärme/Kälte-Dienstleistungen** (z.B. Nutzwärmeservice für Wohngebäude)
- **Systemare Dienstleistungen** (z.B. zur Optimierung von Industrieprozessen (Produktionsprozessen) in den Anwendungs- und Technologiebereichen

Strom, Raumwärme, Prozesswärme, Kälte, Druckluft, Trinkwasser, Brauchwasser, Gas, Gebäudemanagement, Werkslogistik, Werksentsorgung und die netzgebundene Entsorgung)
- **Analysen, Gutachten und Beratungsangebote** (z.b. betriebliche Energiekonzepte).

Zudem ist in Bezug auf die wirtschaftliche Attraktivität für das Energieunternehmen die Unterscheidung zwischen von den Kund(inn)en direkt bezahlten Dienstleistungen (wie Einspar- oder Energie-Contracting) einerseits und für die Kund(inn)en kostenloser Beratung, Förderprogrammen oder ähnlichen Dienstleistungen andererseits wichtig. Bezahlte Dienstleistungen können vor allem bei größeren Kunden wirtschaftlich sehr attraktiv sein. Kostenlose Beratung trägt sich durch die Beiträge zu Kundenbindung und Kundenzufriedenheit. Für umfangreiche Förderprogramme ist jedoch eine gesetzlich garantierte Erstattung der Programmkosten an das Stadtwerk wichtig, wie sie im Nachhaltigkeitsszenario angenommen ist. Sie könnte aus einem staatlichen EnergieSparFonds oder über die Netzgebühren oder Energiepreise erfolgen.

Für das Maßnahmenbündel galt es zunächst, die internen und externen Umsetzungsbedingungen zu analysieren. Anschließend wurden Meilensteine definiert (siehe Abbildung 15).

Interne Umsetzungsbedingungen

Vorhandene und Aufbau neuer Kompetenzen:
- Analyse kundengruppenspezifischer Marktpotenziale und Priorisier-ung von Geschäftsfeldern; Entwicklung eines stufenweisen Ausbauplans hinsichtlich erforderlicher Technik- und Kundensegmente
- Analyse und Deckung der Qualifikationsbedarfe bei Beschäftigten (einschl. Führungskräften)

Erforderliche Veränderungen in der Organisation der Prozesse:
- Aufbau neuer bzw. Aufstockung vorhandener Organisationseinheiten

Einsatz der benötigten Personalkapazitäten
- Auf- und Ausbau vorhandener Personalkapazitäten
- Umschulungs- und Qualifizierungsmaßnahmen
- Erforderliche Personalqualifikationen sind „am Markt" verfügbar (z.B. qualifizierte Energieberater)

Mobilisierung der notwendigen Finanzausstattung
- Beschlussfassung im Aufsichtsrat / in der Gesellschafterversammlung über Kreditfinanzierung und/oder Reduzierung der Rücklagen zum Auf- bzw. Ausbau der Dienstleistungen und Förderprogramme
- Geschäftsfeldanalyse und mittelfristige Entwicklungspläne für die neuen Geschäftsfelder

Unterstützung durch Gesellschafter
- Bereitschaft zum Auf- bzw. Ausbau der Energiedienstleistungen von Seiten des Gesellschafters und der Geschäftsführung
- Gesellschaftervertrag (z.b. Erweiterung des Gesellschaftszwecks) wurde angepasst

Externe Umsetzungsbedingungen

Allgemeine Rahmenbedingungen
(rechtlich, politisch, ökonomisch, technisch, sozial, ökologisch)
- Rechtlich: Gemeindewirtschaftsrecht/Gemeindeordnung erlaubt Ausbau der Energiedienstleistungen; nationale Umsetzung der EU-Richtlinie über Endenergieeffizienz und Energiedienstleistungen
- Ökonomische Prüfung: Summe der Energiedienstleistungen muss wirtschaftlich tragfähig sein
- Für Förderprogramme: Möglichkeit der Kostenerstattung aus EnergieSparFonds oder Netzgebühren

Reaktionen bisheriger und neuer Wettbewerber:
- Konkurrenten auf neuen Geschäftsfeldern erfordern Anpassungsbedarf hinsichtlich des Kennenlernens der Geschäftspraktiken in diesen Marktfeldern

Reaktionen bisheriger und neuer Partner:
- Bisherige Marktpartner brauchen keinen Nachteil zu fürchten; Kooperationsfelder mit dem örtlichen Handwerk und mit Ingenieurbüros systematisch ausloten; Kooperationsvereinbarung schliessen soweit sinnvoll

Meilensteine

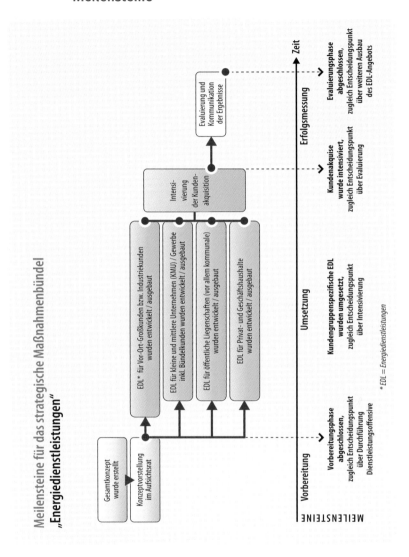

Abb. 15: Zeitliche Struktur und Meilensteine des strategischen Maßnahmenbündels „Energiedienstleistungen"

6.3 Exemplarische Strategie für die Sparte Wasser/Abwasser

In der Sparte Wasser/Abwasser wird nachfolgend von den in der Tabelle 9 genannten Strategien exemplarisch die Strategie „Effizienz- und Qualitätsoffensive" des Komplettdienstleisters mit dem Maßnahmenbündel „Kontinuierliche Verbesserung der Leistung" dargestellt (siehe Tabelle 11). Die Begründung hierfür ist, dass in der Wasserwirtschaft das Eintreten des Trendszenarios am wahrscheinlichsten ist. Hinzu kommt, dass der kommunale Komplettdienstleister heute und auch in Zukunft voraussichtlich der dominierende Unternehmenstyp ist. Schließlich ist die kontinuierliche Verbesserung der Leistung eine Basis für alle anderen hier entwickelten Strategien.

Strategische Maßnahmenbündel der Sparte Wasser/Abwasser			
Szenarien	**Kommunaler Netzbetreiber**	**Kommunaler Komplettdienstleister**	**Regional expandierendes kommunales Unternehmen**
Trendentwicklung	**Effizienz- und Qualitätsoffensive bei kontinuierlicher Entwicklung in Richtung Nachhaltigkeit** 1. Sparten-übergreifende Sanierungsplanung und -durchführung *Angepasst übertragbar:* 2. *Kontinuierliche und transparente Nachhaltigkeitsberichterstattung*	**Effizienz- und Qualitätsoffensive bei kontinuierlicher Entwicklung in Richtung Nachhaltigkeit** 1. **Kontinuierliche Verbesserung der Leistung** 2. Kontinuierliche und transparente Nachhaltigkeitsberichterstattung	**Effizienz- und Qualitätsoffensive in der Region bei kontinuierlicher Entwicklung in Richtung Nachhaltigkeit** 1. Prüfung angebotener Expansionsgebiete und ggf. Übernahme der Betriebsführung *Angepasst übertragbar:* 2. *Kontinuierliche Verbesserung der Leistung* 3. *Kontinuierliche und transparente Nachhaltigkeitsberichterstattung*

Strategische Maßnahmenbündel der Sparte Wasser/Abwasser			
Szenarien	**Kommunaler Netzbetreiber**	**Kommunaler Komplettdienstleister**	**Regional expandierendes kommunales Unternehmen**
Nachhaltigkeit	Innovator zum Wohl der Kommune (mit eingeschränkten Möglichkeiten) *Angepasst übertragbar:* *1. Partizipative Wasser- und Abwasser-infrastrukturplanung* *2. Zusammenführung von Wasserver- und Abwasserent-sorgung*	Innovator zum Wohl der Kommune 1. Partizipative Wasser- und Abwasser-infrastruktur-planung 2. Zusammen-führung von Wasserver- und Abwasser-entsorgung 3. Nachhaltiges kommunales Gesamtkonzept mit angepassten Anreizstrukturen	Innovator zum Wohl der Region *Angepasst übertragbar:* *1. Partizipative Was-ser- und Abwasser-infrastrukturplanung* *2. Zusammenführung von Wasserver- und Abwasser-entsorgung* *3. Nachhaltiges regionales Gesamtkonzept*
Marktkräfte	Kostenreduktion unter weitgehender Beibehaltung und Kommunikation der hohen Qualitätsstandards (Konzentration auf hoheitliche Aufgaben) *Angepasst übertragbar:* *1. Steigerung der Kosteneffizienz durch Benchmarking* *2. Steigerung der Kosteneffizienz durch Synergien mit anderen Sparten*	Kostenreduktion unter weitgehen-der Beibehaltung und Kommuni-kation der hohen Qualitäts-standards 1. Steigerung der Kosteneffizienz durch Bench-marking 2. Steigerung der Kosteneffizienz durch Synergien mit anderen Sparten	Kostenreduktion (u.a. durch Expansion) unter weitgehender Beibehaltung und Kommunikation der hohen Qualitäts-standards *Angepasst übertragbar:* *1. Steigerung der Kosteneffizienz durch Benchmarking* *2. Steigerung der Kosteneffizienz durch Synergien mit anderen Sparten*

Tab. 11:   Strategische Maßnahmenbündel der Sparte Wasser/Abwasser
(eigene Darstellung)

6.3.1 Kurzdarstellung der Strategie

Die Strategie „Effizienz- und Qualitätsoffensive bei kontinuierlicher Entwicklung in Richtung Nachhaltigkeit" bildet die Antwort auf die Fortschreibung der vielfältigen, teilweise widersprüchlichen aktuellen Rahmenbedingungen. Sie trägt der regulativen Unsicherheit Rechnung, die sowohl für eine Marktliberalisierung mit verpflichtender Ausschreibung der Versorgungskonzessionen als auch für die Möglichkeit eines verpflichtenden Nachhaltigkeitsbenchmarks zwischen rein öffentlichen Unternehmen offen ist. Unabhängig von der Entwicklung der Rahmenbedingungen ist die Konzentration des Netzbetreibers auf Effizienz, Qualität und Nachhaltigkeit geeignet, seine betriebliche Wettbewerbsfähigkeit und Zukunftsfähigkeit zu stärken und den Rückhalt durch Bürger(innen) und Kommunalpolitik zu erhöhen. Eine Alternative zu dieser Strategie wird nicht gesehen.

Diese Strategie ist nicht frei von Konflikten. Sie treten besonders dort zutage, wo wichtige Qualitäts- und Nachhaltigkeitsziele nur mit höherem finanziellem Aufwand zu realisieren sind, da die Kommunalpolitik stetig auf eine kosteneffiziente Leistungserfüllung drängt. Weiterhin hängt der Gestaltungsspielraum des Netzbetreibers von der Zusammenarbeit mit dem Betreiber der Wassergewinnung und Abwasserbehandlung sowie dessen Zielsetzungen ab. Mit Blick auf zentrale Strategiefelder ergeben sich folgende Prioritäten:

Bei den **Wasser- und Abwasserdienstleistungen** steigt die Bedeutung des Netzbetreibers als Anlaufstelle für objektive Informationen für Fragestellungen rund um Kundenanlagen/Grundstücksentwässerungsanlagen und wasserbezogenen Umweltschutz. Durch ausführliche Informationen (auch im Verbund mit anderen Sparten) werden die Kund(inn)en zu umwelt- und klimafreundlichem Verhalten angeregt und angeleitet. Im Dialog mit den Kund(inn)en und Verbraucherverbänden wird ein Qualitätsleitbild für den Netzbetrieb und die Kundenbetreuung erarbeitet.

Die Möglichkeiten, innerhalb des Strategiefelds **Qualitätswettbewerb zu konkurrenzfähigen Preisen** eine hohe Wasserqualität und die kontinuierliche Bezahlbarkeit der Leistung sicherzustellen, beschränken sich auf die dauerhafte Aufrechterhaltung der Wasser- und Abwasserinfrastruktur (siehe folgendes Strategiefeld). Da infrastrukturbedingte Fixkosten einen wesentlichen Anteil an den Gesamtkosten ausmachen, ist eine nachhaltige Infrastrukturbewirtschaftung ein wichtiger Baustein für die langfristige Preisstabilität.

Eine **nachhaltige Wasser- und Abwasserinfrastruktur** verlangt nach langfristiger Planung, die die langfristigen demografischen und klimatischen Veränderungen sowie die mittelfristigen Entwicklungen auf Quartiersebene berücksichtigt. Auf dieser Grundlage erfolgt eine kurz- bis mittelfristige Sanierungs- und Instandhaltungsplanung, die in enger Abstimmung mit anderen kommunalen Baumaßnahmen koordiniert wird. Für alle Planungen wird größtmögliche Transparenz - vor allem im Hinblick auf die unterschiedlichen Kosten alternativer Planungsansätze - und die in der Wasserrahmenrichtlinie geforderte

Partizipation von Kund(inn)en/ Bürger(inn)en bei Planungs- und Entscheidungsprozessen angestrebt.

Eine **sichere und zuverlässige Wasserver- und Abwasserentsorgung** basiert insbesondere auf dem Ausbau vorsorgender Aktivitäten und der regelmäßigen Kontrolle des Systems, wobei auch die privaten Rohrleitungen und Hausinstallationen über kostengünstige Beratungsangebote und Handwerkerschulungen adressiert werden.

Potenziale zu **lokalen Beiträgen zum Klima- und Ressourcenschutz** werden im Unternehmen systematisch genutzt und tragen wesentlich zur Kostensenkung bei. Unterstützt durch Informationen und Medienberichte dienen erfolgreiche Projekte auch als anregendes Beispiel für die kommunale Wirtschaft. In Kooperation mit anderen kommunalen Sparten werden Instrumente erarbeitet, um Haushaltskund(inn)en zu klimafreundlichem Verhalten anzuregen und hierfür vielfältige Hilfestellungen zu bieten.

Der kommunale Netzbetreiber agiert im Strategiefeld **moderne Arbeitsplätze mit kompetentem und gut qualifiziertem Personal** mit dem Ziel, eine dauerhaft hohe Mitarbeitermotivation herbeizuführen und greift hierfür innovative Instrumente aus der Privatwirtschaft auf. Von Bedeutung sind hierbei z.B. Schulungen zu ökonomischen, ökologischen und sozialen Herausforderungen und Vorschlagssysteme zur kontinuierlichen Verbesserung, bei denen gute Ideen umgesetzt und honoriert werden. Insbesondere die offensive Familienförderung durch Klein- und Kleinstkinderbetreuung im Betriebskindergarten sowie Flexibilisierungs- und Teilzeitangebote für Eltern führen bereits kurzfristig zu kürzeren Elternzeiten, einer besseren Vereinbarkeit von Beruf und Familie und befördern die Zunahme von Frauen in Führungsaufgaben. Um diese Vorteile nicht durch die zunehmend notwendige Betreuung pflegebedürftiger Angehöriger zu verlieren, werden u.a. orts- und unternehmensnahe Pflegeheimplätze vermittelt. Durch die wachsende Bedeutung von IT-Lösungen beim Vertrieb (Service, Produktinformationen, Kundenkontaktpflege etc.) wachsen zudem die Anforderungen am Arbeitsplatz bei gleichzeitiger Reduzierung des notwendigen Personalbedarfs.

In Zeiten leerer Kassen bilden Gewinnabführung, Gewerbesteuer und Konzessionsabgaben aus (Ab-)Wasserdienstleistungen den wichtigsten **Nutzen für den kommunalen Eigentümer**. Da der steuerliche Querverbund erhalten bleibt, können auch wichtige dauerhaft defizitäre Leistungen beibehalten werden. Zusätzlich übernommene Leistungen werden weitergeführt, jedoch hinsichtlich ihrer Bedeutung für die Allgemeinheit stärker kommuniziert. Zudem nimmt der Netzbetreiber weiterhin seine soziale Verantwortung wahr und unterstützt nicht nur Aktivitäten mit hoher Identifikationswirkung, sondern nutzt seine Ressourcen zum wirtschaftlichen Betrieb wichtiger kommunaler Aufgaben, dazu gehört u.a. auch die Unterstützung der Kommune bei Aktivitäten zur lokalen Agenda 21.

Kooperationen und Synergien werden vor allem mit dem Betreiber der Wassergewinnungs- und Abwasserbehandlungsanlagen und anderen kommunalen Sparten gesucht (z.B. für Tiefbau, Service, Abrechnung etc.). Dabei zielt die Zusammenarbeit nicht nur auf die Reduzierung der Kosten, sondern auch auf die Verbesserung des Angebots. So tragen Gesamtpakete, die unter einer gemeinsamen Marke angeboten werden, zur besseren Orientierung und administrativen Entlastung der Kund(inn)en bei. Wesentlich bleiben eine enge Zusammenarbeit mit kommunalen Unternehmen und Einrichtungen mit Bedeutung für die Stadt- und Infrastrukturplanung.

Über seine **Öffentlichkeitsarbeit** versucht der Netzbetreiber die Erfüllung seines öffentlichen Auftrags glaubwürdig darzustellen. Ein regelmäßig veröffentlichter Nachhaltigkeitsbericht nach internationalen Standards trägt wesentlich dazu bei, Erreichtes in Kennzahlen zu objektivieren und Optimierungspotenziale aufzuzeigen. Gleichzeitig können Umfang und Wert übernommener defizitärer Leistungen und Non-Profit-Aufgaben sowie Ergebnisse von Qualitätskontrollen und Benchmarkinginitiativen dargestellt und die Bürger(innen) zum Dialog eingeladen werden. Durch die jährliche Errechnung und Darstellung aller Leistungen in einer „Stadtrendite" bringt der Netzbetreiber seinen Nutzen für die Kommune jenseits günstiger Preise/Gebühren bei guter Infrastruktur- und Dienstleistungsqualität plakativ zum Ausdruck. Glaubwürdigkeit wird auch über Partnerschaften mit gemeinnützigen Organisationen und die Zertifizierung eigener Leistungen angestrebt.

Bei der **Beeinflussung der Rahmenbedingungen kommunaler Unternehmen** kommt es wesentlich darauf an, das Eigeninteresse der Branche an Nachhaltigkeit und einer hohen Dienstleistungsqualität zu erhalten und weiter zu stärken. Hier gilt es vor allem, die Gefahr der Übertragung von Aufgaben der Daseinsvorsorge auf Akteure mit primär gewinnorientiertem Interesse und die Beauftragung für kurze bzw. absehbare Zeiträume abzuwenden.

6.3.2 Beispiel für ein strategisches Maßnahmenbündel und seine Umsetzungsbedingungen sowie Meilensteine

Viele Unternehmen der Wasserwirtschaft sehen sich in den kommenden Jahren steigenden Betriebsausgaben gegenüber, u.a. durch gesteigerte Qualitätsanforderungen und/oder erhöhtem Infrastrukturerneuerungsbedarf. Den zusätzlich vielerorts demografisch bedingt sinkenden Einnahmen steht ein starrer Fixkostenanteil von 60-90% gegenüber, der maßgeblich aus Sanierungs- und Erneuerungsinvestitionen und Abschreibungen der Infrastruktur resultiert.

Das strategische Maßnahmenbündel „Kontinuierliche Verbesserung der Leistung", das hier beispielhaft referiert wird, zielt darauf ab, zwei wesentliche Stellschrauben mit Bedeutung für die Infrastrukturkosten zu adressieren:

1. eine mittelfristige **spartenübergreifende Sanierungs- und Erneue-rungsplanung,** die Kosteneffizienzvorteile durch **gemeinsamen Tief-bau** ermöglicht und in Abstimmung mit kommunalen Baumaßnahmen koordiniert wird und

2. eine enge **Zusammenarbeit** der infrastrukturverantwortlichen Sparten Gas, Strom und Wasser/Abwasser **mit der kommunalen Stadtplanung,** die eine herausragende Bedeutung für die mittel- bis langfristigen Infrastrukturkosten haben.

Beide Maßnahmenteile sind wesentlich für die Dämpfung der Infrastruk-turkosten und beruhen nahezu zwingend auf der kommunalen Stärke der Eingebundenheit in politische Entscheidungsprozesse und der Nähe zu anderen kommunalen Unternehmen.

Eine nachhaltige Wasser- und Abwasserinfrastrukturentwicklung verlangt nach langfristiger Planung, die die langfristigen demografischen und klimatischen Veränderungen sowie die mittelfristigen Entwicklungen auf Quartiersebene berücksichtigt. Auf dieser Grundlage erfolgt eine **mittel-bis langfristige Sanierungs- und Instandhaltungsplanung,** die in enger Abstimmung mit kommunalen Straßenbaumaßnahmen und anderen In-frastruktursystemen koordiniert wird und ggf. auch niedrigschwellige An-gebote für Grundstückseigentümer beinhaltet. Der Instandhaltungsfokus verschiebt sich dadurch von der Behebung auftretender Schäden („Feuer-wehrprinzip") hin zu einer vorsorgenden Renovierung/Erneuerung.

In einem weiteren Schritt geht es darum, als **Infrastrukturnternehmen eine gewichtigere Rolle bei Stadtplanungsprozessen** einzunehmen. Studien weisen zunehmend darauf hin, dass der Einfluss der Siedlungsstruktur auf Folgekosten der Infrastrukturversorgung vor allem bei der technischen Infrastruktur ausgeprägt ist[4]. Es besteht Konsens darüber, dass Kosten-einsparungspotenziale durch kompakte und integrierte Siedlungsstrukturen bestehen. Auch zeigen kleinteilige Ergänzungen des Siedlungsbestandes gegenüber größeren Siedlungserweiterungen Kostenvorteile[5]. Aktuelle Untersuchungen lassen zudem Zweifel daran aufkommen, dass neue Baugebiete – seien es Wohngebiete oder Gewerbeflächen – immer einen positiven Nettobeitrag für die Gemeindekassen bedeuten. Auch hier stellen die einmaligen Investitions- und laufenden Instandhaltungskosten der technischen Infrastruktur eine relevante Größenordnung dar[6].

Um die Infrastrukturkosten gerade in schrumpfenden Städten zu begrenzen und eine sinnvolle Ansiedelungspolitik mit Nettonutzen für die Kommune zu betreiben, müssen die Betreiber technischer Infrastrukturen von Anfang an in die konzeptionelle Entwicklung von Stadtumbaumaßnahmen

---

4 Vgl. Herz (2004), Siedentop, S. et al(2006).

5 Vgl. Dittrich-Wesbuer et al (2006).

6 Vgl. Reidenbach et al (2007).

einbezogen werden. Dies setzt allerdings nicht nur den Willen der Kommunalpolitik, sondern auch die Fähigkeit der Infrastrukturunternehmen voraus, solide Kostenabschätzungen auf Grundlage detaillierter Leitungskataster und Netzzustandserhebungen zu erstellen.

Zu beachten ist, dass dieses Maßnahmenpaket eng mit dem strategischen Maßnahmenbündel „Partizipative Wasser- und Abwasserinfrastrukturplanung" verbunden ist. Die aktive Planungsbeteiligung der Netzbetriebe soll nicht die Bedeutung der Bürger(innen) für die Infrastrukturplanung zurückdrängen, sondern im Gegenteil durch belastbare Kostenszenarien informieren und die Kosten-Nutzen-Abschätzung damit auf eine sachliche Grundlage stellen.

Eine spürbar hohe Servicequalität bietet wichtiges Unterscheidungspotenzial gegenüber privatwirtschaftlich agierenden Unternehmen der Wasserwirtschaft und ist gleichzeitig geeignet, das Vorurteil vom „überbürokratischen" öffentlichen Unternehmen zu entkräften. Die kommunale Wasserwirtschaft kann sich hierfür auf zwei wichtige Stärken besinnen: Die Nähe zu den Kund(inn)en und die Zusammenarbeit mit anderen kommunalen Sparten.

Interne Umsetzungsbedingungen

Vorhandene und Aufbau neuer Kompetenzen:
- Analyse der expliziten und impliziten Kundenbedürfnisse
- Analyse der Informationsbedarfe und genutzten bzw. bevorzugten Servicekanäle

Erforderliche Veränderungen in der Organisation der Prozesse:
- Kontinuierlicher Austausch mit Kund(inn)en und den Serviceabteilungen der anderen Sparten

Einsatz der benötigten Personalkapazitäten
- Ggf. Ausbau der Personalkapazitäten für die Onlinekundenbetreuung

Externe Umsetzungsbedingungen

Allgemeine Rahmenbedingungen
- Ökonomische Prüfung: Welche Informationsbedürfnisse können kostengünstig über die Unternehmenshomepage kommuniziert werden? Welche Einsparpotenziale/Kosten ergeben sich durch gemeinsame Serviceleistungen mit anderen Sparten?
- Ökologische Prüfung: Welche Informationen zu Nachhaltigkeit in Haushalten und Unternehmen sind im Internet verfügbar? Wie können diese Inhalte für die eigenen Kund(inn)en aufbereitet werden? Welche Inhalte sollten ergänzend (ggf. mit Partnern) aufbereitet werden?

Reaktionen bisheriger, neuer und potenzieller Partner:
- Enge strategische Zusammenarbeit mit den anderen Sparten

Meilensteine

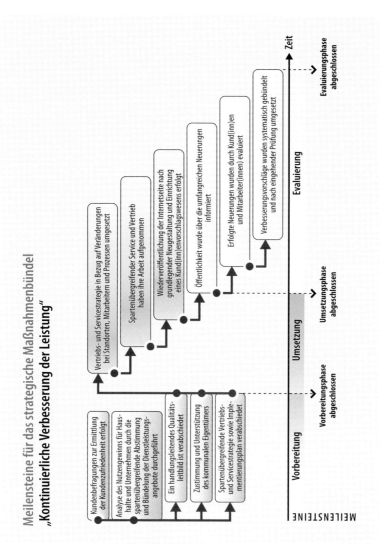

Abb. 16:   Zeitliche Struktur und Meilensteine des strategischen
Maßnahmenbündels „Kontinuierliche Verbesserung der Leistung"

6.4 Exemplarische Strategie für die Sparte Abfall

In der Sparte Abfall wird nachfolgend von den in der Tabelle 9 genannten Strategien die Strategie „Abfallwirtschaft als Rohstoffwirtschaft" des Komplettdienstleisters exemplarisch dargestellt. Von den dafür entwickelten vier Maßnahmenbündeln wird das zweite präsentiert, die energetische Biomassenutzung (siehe Tabelle 12). In der Abfallwirtschaft stehen die Chancen für ein Eintreten des Nachhaltigkeitsszenarios mit den voraussichtlich hohen Rohstoffpreisen der kommenden Jahre gut. Die energetische Biomassenutzung ist ein gutes Beispiel für Synergien zwischen den Sparten Abfall und Energie und stellt damit ein innovatives Maßnahmenbündel dar, das zudem ein hohes Potenzial für Kooperationen kommunaler Unternehmen aufweist.

Strategische Maßnahmenbündel der Sparte Abfall			
Szenarien	**Kommunaler Logistiker**	**Kommunaler Komplettdienstleister**	**Regional expandierendes kommunales Unternehmen**
Trendentwicklung	**Ausbau der wertstoffbezogenen und serviceorientierten Handlungsfelder in der Logistik** 1. Wertstoffoffensive 2. Service- und Qualitätsoffensive 3. Inter- und intrakommunale Vernetzung	**Ausbau regionaler Dienstleistungen** 1. Waste to Energy 2. Citizen Value Reporting	
Nachhaltigkeit		**Abfallwirtschaft als Rohstoffwirtschaft** 1. Trockene Wertstofftonne **2. Energetische Biomassenutzung** 3. Stoffstrommanagement / Urban Mining 4. Abfallvermeidung / Klimaschutz	

Strategische Maßnahmenbündel der Sparte Abfall			
Szenarien	Kommunaler Logistiker	Kommunaler Komplettdienst- leister	Regional expandierendes kommunales Unternehmen
Marktkräfte			Abfallbehandlung mit wettbewerbsfä- higen Preisen und hohen Standards plus überregionale Akquisition von Müllmengen 1. Betriebsfüh- rungskonzepte 2. Kosteneffizienz- strategie

Tab. 12:   Strategische Maßnahmenbündel der Sparte Abfall
(eigene Darstellung)

6.4.1   Kurzdarstellung der Strategie

In diesem Szenario verfolgt die Politik auf EU-, Bundes- und Landes-ebene zum einen konsequent die Leitziele der Ressourcenschonung und der Verbesserung der Ressourcenproduktivität. Die Abfallwirtschaft entwickelt sich daher zum Rohstoff-Lieferant für die Volkswirtschaft. Zum anderen fördert die Politik sowohl auf nationaler als auch auf EU-Ebene die Betätigung kommunaler Unternehmen aufgrund ihrer Nähe zu dezentralen Potenzialen der Ressourceneffizienz und ihres Charakters als öffentliche Unternehmen. Beispielsweise erhält die kommunale Abfallwirtschaft den Zugriff auf alle Abfälle aus Haushalten. Für dieses Szenario wird nur eine Strategie vorgeschlagen.

Gesellschaftliche Verantwortung, Umwelt- und Klimaschutz werden vorrangig in die Strategieentwicklung aufgenommen. Abfallvermeidung bekommt wieder einen höheren Stellenwert entsprechend der Zielhierarchie im Kreislaufwirtschaftsgesetz, Abfallwirtschaft wird als regionalorientierte Rohstoffstoffwirtschaft verstanden (Stichwort „Urban Mining"), an diesem neuen Paradigma werden alle anderen Strategiefelder ausgerichtet.

Die deutsche Nachhaltigkeitspolitik – insbesondere die politischen Vorgaben und Ziele zum Klima- und Ressourcenschutz – wird konsequent als eine Mehrebenenpolitik angelegt. In diesem Zusammenhang wird die Rolle der Kommunalpolitik als wichtiges, dezentrales Scharnier zwischen Politik, Unternehmen und Haushalten gestärkt. Die abfallwirtschaftlichen Planungen der dezentralen Ebenen (Länder, Bezirksregierungen und Kommunen) werden strikt an den Zielen „Steigerung der Ressourceneffizienz" und „Ressourcenschonung" ausgerichtet. Die Abfallwirtschaft wird zunehmend als Rohstoffwirtschaft verstanden, die durch hochwertiges Recycling und Versorgung der Energiewirtschaft mit Energieträgern einen wichtigen Beitrag zur nationalen und europäischen Rohstoffsicherung leistet. Diese politischen Zielvorgaben werden durch ordnungsrechtliche Rahmenbedingungen flankiert, die den kommunalen Unternehmen gleiche Wettbewerbschancen einräumen und auch weiterhin eine kommunale Erbringung von Leistungen der Daseinsvorsorge (oder ggf. ein erneutes „Insourcing") ermöglichen.

Grundlegendes Ziel einer nachhaltigen Abfallwirtschaft ist es, das Restmüllaufkommen aus den privaten Haushalten weiter zu verringern (Abfallvermeidung) und die verbliebenen Abfälle bis zum Jahr 2020 möglichst vollständig energetisch und stofflich zu verwerten. Die hierzu notwendigen Prozesse werden hinsichtlich ihrer Energieeffizienz/CO_2 Ausstoß kontinuierlich verbessert und leisten einen wichtigen Beitrag zum Erreichen der klimapolitischen Ziele. Diese grundlegende Neuausrichtung der Abfallwirtschaft hat erhebliche Auswirkungen auf die Gestaltung einzelner Strategiefelder des Komplettdienstleisters.

Kundenorientierte Dienstleistungen mit zum Teil hohem Individualitätsgrad: In der Zielhierarchie Vermeidung, Verwertung und schadlose Beseitigung erhält der Vermeidungsgesichtspunkt einen neuen Stellenwert. Entsprechend entwickelt die Abfallwirtschaft in Kooperation mit der Verbraucherberatung einen neuen Typ von Beratungsleistungen, der insbesondere das Nachhaltigkeitspotenzial (sozial, ökologisch, ökonomisch) von Abfallvermeidungsstrategien ermittelt. In folgenden Bereichen werden den Haushalten konkrete Alternativen aufgezeigt:

- Produktlebensdauer und Möbelkauf (in Zusammenarbeit mit Verbraucherverbänden und Möbelhäusern, die Möbel mit langer Produktlebensdauer anbieten)
- Reduzierung des Verpackungsaufkommens. Verpackungsarmer Einkauf, wie geht das? Was bringt das? Verstärkte Kooperation mit Partnern aus Handel und Industrie, die Mehrwegsysteme anbieten.
- Monatlicher Marktplatz für Sperrmüll am Anlagenstandort. Ökologischer Effekt: Wieder- und Weiterverwendung. Was übrig bleibt, wird entsprechend verwertet.
- Nachhaltigkeitsorientierung in der Hausmüllentsorgung: Die Ausrichtung der haushaltsnahen Logistik erfolgt an den Qualitätszielen in den einzelnen Abfallfraktionen. Die hiermit verbundenen Stoffströme und Erträge werden transparent dargestellt.

Die logistischen Leistungsstandards gegenüber den privaten Haushalten werden klar definiert und regelmäßig überprüft. Die Energiebereitstellung für die Fahrzeuge erfolgt schrittweise über den erhöhten Einsatz selbst erzeugter, regionaler Kraftstoffe aus organischen Abfällen. Durch effiziente Tourenplanung und Nutzung von Binnenschiff und Schiene bei größeren Distanzen (wo notwendig) wird darüber hinaus der Transportaufwand pro Tonne insgesamt verringert.

Die Erfassung biogener Stoffströme wird weiter ausgebaut, verschiedene Modellprojekte zur Erprobung der Trockenen Wertstofftonne werden gestartet. Ein Ausbau der dezentralen Wertstoffhöfe wird vorgenommen.

Die Vertriebsorganisation im gewerblichen Bereich wird stärker als bisher an den Strukturen des Stoffstrommanagements ausgerichtet (und weniger an einzelnen Branchen). Es werden Netzwerkstrukturen entwickelt, um systematischer die Stoffströme der Ver- und Entsorgung und verschiedener Branchen zu erfassen. Die Rohstoffpotenziale im Bereich der Bauwerke und Infrastrukturen werden systematisch erfasst (Urban Mining). Modellkonzepte zur Umsetzung dezentraler Ver- und Entsorgung werden initiiert (ökologischer Gewerbepark, Entsorgung in einer ökologischen Siedlung mit Vorreiterfunktion für andere).

Qualitätswettbewerb zu konkurrenzfähigen Preisen bzw. angemessenen Gebühren: Rohstoffproduktivität, Energie- und Materialeffizienz werden als Qualitätsstandards in allen Geschäftsfeldern aufgenommen, als wichtiger Wettbewerbsfaktor gegenüber der privaten Abfallwirtschaft angesehen und aktiv vermittelt. Es wird ein Kennzahlensystem entwickelt, welches die Kostenrelevanz der Effizienzerfolge abbilden und zuordnen kann. Somit kann die verbesserte Energie- und Materialeffizienz zur Gebühren- und Preissenkung genutzt werden.

Im Sinne des erweiterten nachhaltigen Stoffstrommanagementansatzes verändert sich der Optimierungsansatz. Im Mittelpunkt stehen nun nicht mehr einzelne Anlagen, sondern Entsorgungssysteme und ganze Entsorgungspfade. Im Rahmen dieses ganzheitlichen Ansatzes werden Systemoptimierungen vorgenommen und bei Bedarf hierfür auch zusätzliche investive Mittel bereitgestellt. Die Abfallwirtschaft positioniert sich in diesen Systemen mit verbesserten Input-Qualitäten für die energetische und stoffliche Verwertung und betreibt eigene Anlagen zur Bereitstellung von zertifizierten Energieträgern aus Abfall (EBS, Holzpellets, Biogas). Vor diesem Hintergrund wird das Entgeltgeschäft vor allem in den rohstoffwirtschaftlichen Bereichen erweitert. Hierbei können auch die regionalen Grenzen überschritten werden, um die notwendigen Mengen zu akquirieren.

Durch Kooperationen innerhalb der kommunalen Familie werden Vertriebsstrukturen aufgebaut, Servicefunktionen gemeinsam genutzt und Einkaufsgemeinschaften gebildet. Aufgrund dieser Bündelungen können auch neue integrierte Leistungsangebote kreiert werden.

Nachhaltige dezentrale Infrastrukturen für sichere und zuverlässige Entsorgung: Zusätzlich zu einer sicheren und zuverlässigen

Abfallentsorgung gilt es nun, die Rohstoff- und Energieversorgung der Region als weiteres Ziel einer vorausschauenden Abfallplanung zu konkretisieren. Durch Beiträge zur Steigerung der regionalen Eigenversorgungsquote (Energie und Rohstoffe) kann die Kommune/Region ein Stück unabhängiger von der Preisentwicklung auf den internationalen Energie- und Rohstoffmärkten werden. Vor diesem Hintergrund definiert die Abfallwirtschaft Maßnahmen, die geeignet sind, die regionale Eigenversorgungsquote zu erhöhen. In die Abfallplanung werden Eigenversorgungsquoten aufgenommen und Kennzahlen etabliert, deren Werte kontinuierlich ermittelt und jeweils vor dem Hintergrund der Zielsetzungen bewertet werden. Der Beratungsbedarf der Kommunen an derartigen Planungsleistungen wird zunehmen. Es sollte zumindest geprüft werden, ob hier Potenziale zur Ausgründung von entsprechenden Kompetenzen existieren, die gesondert zu vermarkten wären.

Abfallwirtschaft als Ressourcenwirtschaft bedeutet konkret: Die ressourcenpolitischen Rahmenbedingungen und die stark steigenden Rohstoffpreise machen eine differenzierte Behandlung der Reststoffe und das Recycling immer wirtschaftlicher und führen zum Aufbau einer dezentralen Energie- und Sekundärrohstoffwirtschaft mit innovativen Konzepten und regional angepassten, technischen Lösungen. Hierbei werden insbesondere folgende Schwerpunkte gesetzt:

- Die kombinierte energetische und stoffliche Verwertung der biogenen Fraktion in Form der Vergärung gewinnt an Bedeutung: Erzeugung von Biogas aus organischen Restabfällen für die städtische Versorgung (Einspeisung ins Gasnetz),
- Produktion von Energieträgern (EBS, Holzpellets, Biogas),
- Aufbau dezentraler EBS-Heizkraftwerke mit Wärmeauskopplung für Industrie und Haushalte. Beim Neubau wird, wenn möglich, die Anlage möglichst nah am Verbrauchsort errichtet,
- systematische Bündelung der metallischen Abfallströme aus verschiedenen Produktbereichen (insbesondere im Bereich NE-Metalle und seltene Metalle).

Es wird zunehmend wichtig, die lokalen und regionalen „Lagerstätten" (Altproduktbestände, Häuser, Infrastrukturen) in Kooperation mit der Kommune systematisch zu erfassen. Aufbauend auf dieser Analyse sollten erste Annahmen getroffen werden, wie diese Wertstoffe erschlossen werden können (Urban-Mining-Ansatz).

Die Erzeugung von Energieträgern auf der Basis eines differenzierten Stoffstrommanagements wird über neue Netzwerke gesteuert, in die Rohstofflieferanten (Haushalte und Betriebe), der Handel, die Stadtwerke als Vertriebspartner und Kunden eingebunden sind. Die Anlagenplanung orientiert sich sowohl am regionalen Bedarf als auch an der gesamten Marktentwicklung. Insofern sind räumliche Expansionsschritte in einzelnen Marktbereichen nicht auszuschließen.

Lokale Beiträge zum Klimaschutz: Die kommunale Abfallwirtschaft wird zu einem pro-aktiven klimapolitischen Akteur. Auf der operativen Ebene werden klare klimapolitische Vorgaben definiert, das Unternehmen beteiligt sich mit seinem Know-how an der Erstellung lokaler CO_2-Reduktionspläne. Es wird für alle Anlagen und Prozesse eine CO_2-Bilanzierung durchgeführt, bei Neu- und Ersatzinvestitionen wird eine klimapolitische Bewertung unterschiedlicher Entsorgungspfade vorgenommen. Es werden abfallbezogene CO_2-Minderungspläne erstellt, deren Umsetzung und Kostenrelevanz in Zweijahresschritten überprüft werden.

Moderne Arbeitsplätze mit kompetentem und qualifiziertem Personal: Die Ausrichtung auf Nachhaltigkeit und Rohstoffwirtschaft führt dazu, dass die strategischen Unternehmensfunktionen gestärkt werden. Hinsichtlich der Qualifizierung muss das technische Spezialwissen auf jeden Fall durch systemisches Wissen über Zusammenhänge und Abläufe ergänzt werden. Der Austausch an Wissen mit anderen Bereichen gewinnt an Bedeutung. Es bietet sich daher an, gemeinsam mit den anderen kommunalen Unternehmen ein Qualifikations- und Ausbildungskonzept „kommunales Nachhaltigkeitsmanagement" zu entwickeln.

Kooperationen und Synergien: Die Abfallunternehmen intensivieren noch stärker als bei Eintreten des Trendszenarios die Zusammenarbeit in einzelnen Wertschöpfungsketten sowohl mit privaten als auch öffentlichen Unternehmen, um insbesondere den Input an Reststoffen und Wertstoffen langfristig abzusichern. Dies betrifft vor allem folgende Bereiche:

- Rückgewinnung von Eisen- und Nichteisen-Schrotten aus den Abfallströmen: Hier wird eine enge Kooperation mit dem örtlichen Fach- und Einzelhandel eingegangen.
- Nachwachsende Rohstoffe, Holz und Biomasse zur energetischen Verwertung: Kooperation mit der ortsnahen Land- und Forstwirtschaft wird ausgebaut. Beim Vertrieb dieser Produkte wird eine Kooperation mit den Stadtwerken angestrebt.
- Abfälle aus Gastronomie und Kantinen: Hier sind die Servicefunktionen auszubauen, um Zugang zu den Stoffströmen zu bekommen.

In diesen neuen Geschäftsfeldern wird auch mit den örtlichen Arbeitsgemeinschaften (ARGE) zur Einbindung und Qualifizierung von Arbeitslosen kooperiert. Die Abstimmung zwischen den einzelnen Anlagenbetreibern wird erweitert und geht deutlich über das bereits bestehende Ausfallmanagement hinaus und bezieht die Steuerung von rohstoffhaltigen Abfallströmen mit ein. Auch der Austausch über eine gemeinsame Vermarktung und Bündelung der gewonnenen Rohstoffmengen wird vertieft. Auch aus der rohstofflichen Perspektive werden spartenübergreifende Kooperationen immer wichtiger. Insbesondere werden die rohstofflichen Potenziale der Abwasserwirtschaft gemeinsam erschlossen. Auch beim Bau neuer Heizkraftwerke und Biogasanlagen ist eine enge Kooperation mit den örtlichen Stadtwerken anzustreben.

Nutzen für den kommunalen Eigentümer sowie gesellschaftliche Verantwortung: Abfallwirtschaft als Rohstoffwirtschaft wird zu neuen Erträgen führen und damit tendenziell die Gewinnabführungen an den Kommunalhaushalt oder die Bildung von Risikorückstellungen erhöhen. Gleichzeitig wird die regionale Versorgungsfunktion der Abfallwirtschaft erweitert. Sie trägt somit zur Stärkung des Standortes bei und erhöht die regionale Wertschöpfung. Die hiermit verbundenen indirekten Effekte wirken sich positiv auf den regionalen Wohlstand aus. Im Rahmen des Citizen-Value Ansatzes werden diese Effekte dokumentiert und vermittelt.

Öffentlichkeitsarbeit und Beeinflussung der Rahmenbedingungen kommunaler Unternehmen: Im Rahmen der Öffentlichkeitsarbeit werden in Kooperation mit anderen regionalen Institutionen aus Wirtschaft und Politik zielgruppenspezifische Aktionen und Kampagnen zur Vermittlung der rohstoffwirtschaftlichen Ziele der Abfallwirtschaft durchgeführt. Auch werden diese Ziele in die Darstellung der vom Unternehmen wahrgenommenen gesellschaftlichen Verantwortung (Corporate Social Responsibility, CSR) aufgenommen (CSR-Berichterstattung). Da hierbei der Nutzen für die Kommune besonders hervorgehoben wird, entwickelt sich in der kommunalen Abfallwirtschaft ein breites Citizen-Value-Reporting. Bei den Rahmenbedingungen geraten zusätzlich zum Trendszenario der Aufbau neuer Geschäftsfelder zur Steigerung der Energie- oder Ressourceneffizienz sowie die Integration von Umwelt- und Sozialstandards in die Ausschreibungen in den Fokus der Aktivitäten.

6.4.2 Beispiel für ein strategisches Maßnahmenbündel und seine Umsetzungsbedingungen sowie Meilensteine

Das kommunale Abfallwirtschaftsunternehmen entwickelt die energetische Verwertung von Bioabfällen als neues Geschäftsfeld (s. auch Maßnahmenbündel 1 – Waste to Energy). Angesichts politischer Vorgaben zum Klimaschutz und stetig steigender Energiepreise bietet die anaerobe Vergärung von Bioabfällen erhebliche ökologische und ökonomische Potenziale. Dieser Trend ist bereits absehbar, seit 1996 hat sich die Anzahl von Vergärungsanlagen in Deutschland verdreifacht, trotzdem weisen gerade erst 10% der Bioabfall-Anlagen eine anaerobe Stufe auf[7]. Und auch die Erfassung von Bioabfällen in Haushalten durch getrennte Sammlung kann noch deutlich ausgebaut werden. Diese Form der dezentralen Energiegewinnung trägt zu einer geringeren Abhängigkeit von den Entwicklungen am internationalen Öl- und Erdgasmarkt bei.

Bei der Vergärung von Bioabfällen, aber auch Grünschnitten oder Speiseabfällen (die nicht mehr unbehandelt als Futtermittel eingesetzt werden

---

7 Vgl. Turk, Kern et al.(2007).

dürfen), werden durch den mikrobiellen Stoffwechsel in unterschiedlichen Verfahren (Trockenvergärung, Nassvergärung etc.[8]) methanhaltige
Biogase gebildet, die auch zu Erdgas veredelt werden können oder bisher
überwiegend in Blockheizkraftwerken verstromt werden. Bei der Einspeisung können je nach Verfahren unterschiedliche Einspeisevergütungen
nach dem EEG erzielt werden (Biomasse-Mindestvergütung, Innovative-
Technologie-Bonus, KWK-Bonus), die zu einer raschen Amortisierung der
Investitionen bei deutlichen Beiträgen zum Klimaschutz führen können.
Die Investitionskosten fallen je nach Auswahl des Verfahrens relativ unterschiedlich aus, dafür sind aber auch die Betriebskosten dementsprechend
unterschiedlich, so dass die konkrete Auswahl eines Verfahrensanbieters
von den jeweiligen Gegebenheiten abhängig gemacht werden muss.
Ideale Voraussetzungen dafür sind eine Mindestmenge an Bioabfällen
mit einem hohen Anteil an Küchenabfällen im Vergleich zu Gartenabfällen sowie ein nahe gelegener Abnehmer für die im Prozess entstehende
Wärme (KWK). Anaerobe Stufen können relativ leicht in bestehende
Kompostierungswerke integriert werden, die anfallenden Gärreste werden, ggf. nach einer Nachrottung, ebenfalls im Kompostwerk verwertet.

Etablierte, aber ausbaufähige Strukturen existieren bereits in der Verwertung
von Altholz. Dies betrifft insbesondere eine intensivierte KWK-Nutzung in
Altholz-Heizkraftwerken als eine Option für die kommunale Abfallwirtschaft.

Interne Umsetzungsbedingungen:

Kompetenzen:
- Notwendige Kompetenzen ermitteln, intensivierte Aus- und Fortbildung
  in diesen Bereichen
- Kooperationen mit Anlagenbauern und -betreibern in unterschiedlichen
  Modellen prüfen (gemeinsame GmbH, Betriebsführung durch Externen,
  etc.)

Organisationsanpassungen:
- Bei der Nassvergärung: Grobaufbereitung für Bioabfälle ist vorhanden,
  Annahmebereich und Intensivrotte sind abgekapselt (TA Luft konform),
  Platz auf dem Gründstück reicht aus
- Intensivierung der getrennten Erfassung von Bioabfällen in den Haus-
  halten durch intensiviertes Angebot einer Biotonne, evtl einer kosten-
  losen Altfetttonne und entsprechendem Marketing
- Transport zur Anlage, Betriebsführung der Anlage

Wirtschaftlichkeit
- Vorliegen von Angeboten für den Anlagenbau

---

8 Während bei der Nassvergärung auch flüssige Abfälle wie Gülle eingesetzt werden können,
zeichnet sich die Trockenvergärung von Bioabfällen v.a. durch geringeren maschinentechnischen Aufwand und dadurch geringere Betriebskosten aus.

- Vorliegen einer Analyse der Abfallmengenentwicklung und einzelner Fraktionen im Entsorgungsgebiet
- Vorliegen einer Analyse des Energiesektors, bisherige Versorgungsstruktur, Bedarfsanalyse
- Kann die freiwerdende Spitze in bestehenden MVAs durch Gewerbemüllakquise anderweitig rentabel genutzt werden? Ist die Biomassebeschaffung in Preis und Menge gesichert? Ist evtl. die Auslastung bestehender Kompostierungsanlagen gefährdet?
- Ermittlung möglicher Renditen

Unterstützung durch den Gesellschafter

Citizen Value der Ausweitung der Geschäftstätigkeit muss vermittelt werden (Renditeaussichten, Arbeitsplätze, Beitrag zum Klimaschutz etc.)

Externe Umsetzungsbedingungen:

Allgemeine Rahmenbedingungen
- Ökonomische Rahmenbedingungen: Sind Kooperationspartner für Rohstofflieferung, Anlagenbetrieb und Substratabnahme sowie ein Wärmeverbraucher in der Nähe auch langfristig vorhanden?
- Welche Fördermöglichkeiten bestehen durch das EEG?
- Rechtliche Rahmenbedingungen: Können die zuständigen Behörden zu einem strikteren Vollzug der TA Luft bei den Betreibern von Billig-Kompostierern bewegt werden, die bisher den billigsten Weg der Bioabfallentsorgung darstellen?
- Analyse der technischen Entwicklung auf dem Markt: Wird die Anlage bis zum Ende der Abschreibungslaufzeit rentabel zu betreiben sein? Sind Durchbrüche in der Anlagenbautechnik zu erwarten? Existieren konkurrierende Verwertungsmöglichkeiten für die Abfallfraktionen?
- Soziale Rahmenbedingungen: Sind Widerstände in der Bevölkerung gegen den Bau von Verwertungsanlagen zu befürchten?

Branchenspezifische Rahmenbedingungen
- Ist der Einritt in den Energiemarkt mit der GO vereinbar? Findet das Projekt die Zustimmung der entsprechenden Behörden auf kommunaler und Landesebene?
- Subsidaritätsprüfung: Werden private Anbieter aus dem Markt verdrängt oder an einem Markteintritt gehindert?

Reaktionen bisheriger und neuer Wettbewerber:
- Sind Kooperationen mit den Stadtwerken beim Betrieb der Anlage möglich?
- Existieren Expansionstendenzen der privaten Konkurrenz im eigenen Entsorgungsgebiet, die die Auslastung der Anlagen gefährden könnten?

Meilensteine

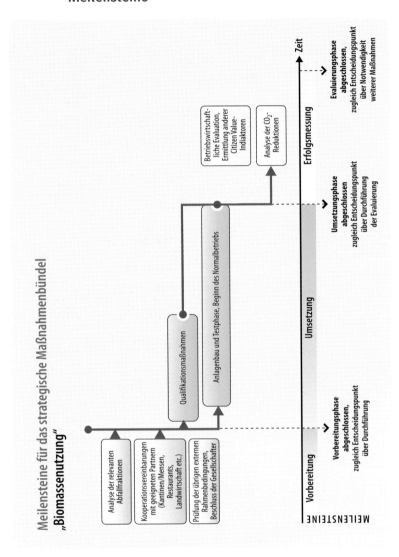

Abb. 17: Zeitliche Struktur und Meilensteine des strategischen Maßnahmenbündels „Energetische Biomassenutzung"

7 Hinweise für die Umsetzung der strategischen Empfehlungen

Die in Kapitel 6 beispielhaft referierten und in den Spartenberichten ausführlicher dargestellten strategischen Empfehlungen basieren auf intensiven Untersuchungen zu den Grundtypen der Unternehmensausrichtung. Sie sind somit nicht auf konkrete Unternehmen bezogen. Aus diesem Grund ist bei der Umsetzung in Unternehmen der kommunalen Daseinsvorsorge ein besonderes Augenmerk auf die methodischen Grundlagen zu legen. Dies gilt sowohl für die INFRAFUTUR-Partnerunternehmen als auch für andere Unternehmen, die aufgrund der Publikationen Umsetzungsprozesse einleiten wollen.

Ausgangspunkt für die Umsetzung der strategischen Empfehlungen ist die Zuordnung des konkreten Unternehmens im Spektrum der strategischen Grundorientierung, aus dem wir drei gut voneinander abgrenzbare Grundtypen ausgewählt haben. Konkrete Unternehmen sind im Rahmen einer Typologie selten vollständig einem Grundtyp zuzuordnen. Es ist zu erwarten, dass es in unterschiedlichen Unternehmensbereichen und Geschäftsfeldern zu Abweichungen kommt. Deshalb sollte am Anfang des Prozesses die Eigenanalyse der aktuellen Situation und der gewünschten Entwicklungsrichtung stehen. Hierzu bedarf es einer intensiven Diskussion der Grundlagen des unternehmerischen Handelns im Bereich der kommunalen Daseinsvorsorge in der konkreten Kommune:

- **Unternehmenszweck**: Welche Produkte und Dienstleistungen sollen vom Unternehmen im Hinblick auf die sachlichen Unternehmensgegenstände und das räumliche Aktionsfeld angeboten werden (Festlegung der Sparte(n) und Geschäftsfelder)?
- Im Unternehmen geltende **Werte**: Woran soll sich das Unternehmen in der operativen Tätigkeit, aber auch bei der Auswahl neuer Geschäftsfelder sowie der Veränderung bestehender orientieren? Was soll im Umgang zwischen Kommune und Unternehmen sowie bei der Anbahnung und Umsetzung von Kooperationen mit anderen kommunalen Unternehmen beachtet werden?
- **Mittelfristige Ziele** des Unternehmens: Welche Ziele sollen in Bezug auf welche Indikatoren erreicht werden (bei Wettbewerbsunternehmen insbesondere in der Positionierung gegenüber Konkurrenten)?

Je nach Unternehmen kann daraus nicht nur ein wichtiger, sondern auch ein komplexer Prozess entstehen. Die Erfahrung zeigt, dass es falsch wäre, wollte man diesen Prozess umgehen oder verkürzen, um einerseits Streit zu vermeiden und andererseits Zeit zu gewinnen. Ohne einen Konsens oder zumindest klar formulierte Entscheidungen über das Unternehmensleitbild – bestehend aus der Formulierung des Unternehmenszwecks (Mission Statement) und der Festlegung der im Unternehmen geltenden Werte – und die mittelfristig zu erreichenden Ziele (Vision) wird die Diskussion später gehemmt oder sogar eine diffuse Entwicklung eingeleitet. Deshalb kann es nötig sein, diesen

Diskussionsprozess durch eine externe Moderation zu begleiten. Damit der Prozess nicht zerfasert, sollte sie möglichst konzentriert erfolgen, z.b. im Rahmen einer Klausurtagung der Führungskräfte.

Das nachfolgende Schaubild zeigt, welche Schritte im konkreten Unternehmen in einem grundlegenden Prozess der strategischen Entwicklung durchlaufen werden sollten.

Abb. 18:   Pyramide der Strategieentwicklung (eigene Darstellung, in Anlehnung an Kaplan/Norton (2004), S. 30)

Der nächste Schritt, die **Strategieentwicklung**, erfordert im konkreten Unternehmen eine umfassende Analyse der internen und externen Faktoren der Unternehmensentwicklung. Hierzu eignet sich insbesondere die in dieser Untersuchung genutzte Methode der SWOT-Analyse (vgl. Kapitel 3.5). Dabei ist auf vier Punkte besonders hinzuweisen:

- Es hat sich als hilfreich erwiesen, zur internen Analyse eine für den Einzelfall erstellte **Balanced Scorecard** zu verwenden. Bei deren Erarbeitung sollten insbesondere bei der Eigentümerperspektive die Unterschiede zu privaten Konkurrenten beachtet werden. Dies betrifft vor allem die Breite der Zielsetzungen, die bei der kommunalen Daseinsvorsorge zu beachten sind (im Gegensatz zur reinen Finanzorientierung).

- Für die Erarbeitung von Handlungsoptionen ist es zwingend notwendig, bei der internen Analyse die **eigenen Schwächen vorbehaltlos zu diskutieren**. Dies kann natürlich nur dann gelingen, wenn die Diskussion nicht von Schuldzuweisungen geprägt ist und zudem vertraulich bleibt.
- Anders als bei unserer Untersuchung, bei der wir für die externe Unternehmensanalyse der Unternehmenstypen drei **Szenarien** erstellt haben, kann es bei einem konkreten Unternehmen ausreichen, eine Zukunftsentwicklung detailliert durchzuarbeiten und dann im Rahmen von Plausibilitätsprüfungen die Auswirkungen abweichender Entwicklungen zu betrachten.
- Bei der Zusammenstellung von Handlungsoptionen und der **Ableitung von Strategien** kann auf die Ergebnisse der Forschungspartnerschaft INFRAFUTUR zurückgegriffen werden. Dies gilt sowohl für die hier (vgl. Kapitel 6) und in den Spartenberichten beschriebene Vorgehensweise als auch für einzelne Strategien. Dabei ist stets darauf zu achten, ob die Ausgangs- und die Anwendungsbedingungen passen.

Auch bei der Strategieentwicklung kann im konkreten Fall die **Zuhilfenahme einer externen Beratung** sinnvoll sein. Bei der Beraterauswahl sollte nicht nur deren methodische Kompetenz eine Rolle spielen, sondern auch ihre Kenntnis der Sparten sowie der bisherigen und potenziellen Geschäftsfelder.

Da im Rahmen der Forschungspartnerschaft INFRAFUTUR nur die Phasen der Analyse und der Erarbeitung von strategischen Handlungsempfehlungen bearbeitet wurden, kann aus diesem Projekt für die Strategieumsetzung keine wesentliche Hilfestellung erwartet werden. Es wird deshalb einerseits darauf verwiesen, dass hierfür auf die bereits bei der Analyse benutzte **Balanced Scorecard als Teil des strategischen Controllings** zurückgegriffen werden kann. Andererseits reicht ein Hinweis darauf, dass für die Strategieumsetzung in den Unternehmen vielfach ausreichende Erfahrungen bei der Anwendung von Methoden des Projekt- und Changemanagements vorliegen, die sich auch hier als hilfreich erweisen werden.

Ein weiterer Gesichtspunkt ist, dass die einzelnen Unternehmen bei der Erarbeitung und Umsetzung von Strategien oder strategischen Maßnahmenbündeln nicht isoliert voneinander handeln müssen. Es bieten sich verschiedene **Kooperationen** an (vgl. Kapitel 5.2):

- mit anderen kommunalen Unternehmen in der gleichen Kommune,
- mit anderen kommunalen Unternehmen der gleichen Sparte in der Nachbarschaft (aber auch in anderen Regionen),
- mit bereits institutionalisierten Kooperationen kommunaler Unternehmen (wie z.B. der INFRAFUTUR-Projektpartner ASEW).

Abschließend sei darauf hingewiesen, dass selbstverständlich die unternehmensinternen Überlegungen zur Strategieentwicklung und – umsetzung sowie die Nutzung von Chancen, durch Kooperationen erfolgreich zu sein, davon abhängen, wie sich die Rahmenbedingungen entwickeln. Interne Umsetzungsbedingungen lassen sich durch Unternehmensführung gestalten. Kooperationswiderstände können durch Entscheidungen und Handlungen der betroffenen Führungskräfte überwunden werden. Eine positive Veränderung der Rahmensetzungen oder auch nur die Verhinderung von Verschlechterungen bedarf einer hohen gesellschaftlichen und politischen Aufmerksamkeit für die Belange der kommunalen Daseinsvorsorge, eines hohen Verständnisses für deren Bedeutung und des Willens der politischen Entscheidungsträger, entsprechend zu handeln. Hier kann Management unterstützend wirken. Besonders notwendig ist aber das Engagement der kommunalen Eigentümer – auf kommunaler Ebene und über die örtlichen Repräsentanten auch auf Landes-, Bundes- und EU-Ebene.

Der Erfolg einer strategischen Neuausrichtung zur Stärkung der dezentralen Infrastruktur hängt insbesondere davon ab, ob es gelingt, zumindest zufriedenstellende Regelungen beim steuerlichen Querverbund, bei der Gestaltung der Gemeindeordnungen sowie bei den Gesetzen und Verordnungen in den Bereichen Wettbewerbsrecht, Energieeffizienz, Nutzung erneuerbarer Energien und Ressourcenschutz zu schaffen bzw. zu erhalten. Dazu gehört auch, dass politische Entscheidungen nicht einerseits Beiträge kommunalwirtschaftlicher Unternehmen einfordern, andererseits ihre Handlungsmöglichkeiten aber einschränken.

8 Zusammenfassung

In dieser Schrift wird über den Ansatz und die Ergebnisse der **Forschungspartnerschaft „Perspektiven dezentraler Infrastrukturen im Spannungsfeld von Wettbewerb, Klimaschutz und Qualität (INFRAFUTUR)"** berichtet. **INFRAFUTUR** – das steht für die **Zukunft der dezentralen Infrastrukturen**. Es wurde danach gefragt, welche Strategien geeignet sind, um die Ver- bzw. Entsorgung von privaten Haushalten und der Wirtschaft mit Dienstleistungen in den **Sparten Energie, Wasser/Abwasser und Abfall** zukunftsfähig zu sichern. Dabei konzentrierte sich die Analyse auf kommunalwirtschaftliche Unternehmen als Akteure.

Die Zukunft der dezentralen Infrastrukturen hängt zum einen davon ab, wie die einzelnen Unternehmen aufgestellt sind, wie sie auf Anforderungen ihrer Kundinnen und Kunden reagieren, wie sie dabei ihre Stärken einsetzen und Schwächen verringern oder ausgleichen. Hinzu kommt zum anderen, wie sie das Spannungsfeld zwischen den betriebswirtschaftlichen Zielen, den Veränderungen der nationalen und internationalen Rahmenbedingungen sowie den Herausforderungen der Zukunft bewältigen. Deshalb wurde insbesondere der Beitrag zum notwendigen Klima- und Ressourcenschutz untersucht. Hinzu kamen die stetig steigenden Anforderungen an die Qualität der Dienstleistungen und Produkte. Mit Hilfe von Szenarien wurden die Chancen und Gefahren abgeleitet, die auf kommunale Infrastrukturunternehmen zukommen. Geleistet wurde eine intensive Befassung mit den Leitbildern, dem Instrumentarium und der Qualitätssicherung für Infrastrukturleistungen, die eine in ökologischer, ökonomischer und sozialer Hinsicht nachhaltige Entwicklung unterstützen.

Die Forschungspartnerschaft INFRAFUTUR war auf drei Jahre angelegt. Dies ist im Vergleich mit kurzfristig angelegten Unternehmensberatungen eine relativ lange Zeit. Dadurch war es möglich, die Untersuchung sehr grundlegend anzugehen. Zeitintensive Methoden konnten mit umfassenden sowie tiefgreifenden Dialog- und Diskussionsprozessen verbunden werden, die im Rahmen „normaler" Forschungs- oder Beratungsprojekte nicht realisierbar sind. Die **Kernfragen** der Forschungspartner lauteten:

- Ist die Dezentralität ein herausragendes Leitprinzip?
- Kann der Ausbau dezentraler Infrastrukturen eine entscheidende Grundlage für eine nachhaltige und umfassende Qualitätssicherung in den Sparten Energie, Wasser/Abwasser und Abfall sein?

Natürlich können in dieser Broschüre die Ergebnisse der Forschungspartnerschaft INFRAFUTUR nur im Überblick dargestellt werden. Wer mehr wissen will, kann sich im zusammenfassenden Bericht informieren und zu den einzelnen Sparten in den jeweiligen Bänden nachlesen.

Wer die Zukunft von dezentralen Infrastrukturunternehmen untersuchen will, muss zuerst Klarheit darüber herstellen, was unter **„dezentral"** sowie unter **„Infrastruktur"** zu verstehen ist.

Im Rahmen der Forschungspartnerschaft INFRAFUTUR wurden die Sparten Energie, Wasser/Abwasser und Abfall auf kommunaler und regionaler Ebene betrachtet, zum Teil auch in deren Zusammenwirken mit anderen Dienstleistungen der kommunalen Daseinsvorsorge. Innerhalb der Sparten werden zur Infrastruktur gerechnet:

- die **baulichen und technischen Anlagen** einschl. der Einrichtungen und Ausstattungen (also z.b. die Strom-, Gas-, Fernwärme- oder Wasser- und Abwassernetze, Kraftwerke, sowie Müllverbrennungsanlagen oder der Fuhrpark, der für die Abfallentsorgung notwendig ist),
- die **erforderlichen Produkte und Dienstleistungsaktivitäten**, um die von den Unternehmen und Haushalten benötigten Infrastrukturleistungen in der erforderlichen Qualität zu erbringen. Es geht also nicht nur physisch um Netze oder Logistikpläne, sondern insbesondere darum, dass den Bürgerinnen und Bürgern sowie den Unternehmen die Dienstleistungen, z.b. die benötigte Wärme, das erforderliche Licht oder die einzusetzende Kraft zur Verfügung stehen bzw. die Verwertung oder Entsorgung des anfallenden Mülls erfolgt – und dies alles möglichst umwelt- und klimaschonend sowie preiswert,
- die **konkreten Organisationen und Regelungen** zur kommunalen Daseinsvorsorge (also die kommunalen Unternehmen und deren Gremien sowie die Beauftragung durch die jeweilige Kommune),
- und deren **personelle Ausstattung** (Anzahl und Qualifikation der Mitarbeiterinnen und Mitarbeiter).

Darüber hinaus werden ganzheitliche Aspekte einbezogen, die über die einzelnen Sparten hinausreichen. Die **kommunale Daseinsvorsorge** wurde als **optimierendes, dynamisches System** betrachtet**, durch das u.a. Synergien erschlossen werden**.

Zusätzlich zum Begriff Infrastruktur war abzugrenzen, wann sie als **dezentral** zu bezeichnen ist. Für die Untersuchungen im Rahmen von INFRAFUTUR wurden drei Aspekte berücksichtigt:

- die technische Auslegung von Anlagen,
- die Lokalität der Bedarfsdeckung und
- der Lokalbezug der Entscheidungsträger.

Dabei wurde eine Mischung aus den drei Kriterien gewählt, wobei das **Schwergewicht auf den Aspekt Lokalbezug der Entscheidungsträger gelegt** wurde:

Als **dezentral** ist die Infrastruktur daher anzusehen, wenn die Entscheidungen auf regionaler oder kommunaler Ebene oder von Unternehmen getroffen werden, deren Marktanteile im Vergleich zum nationalen Gesamtmarkt keine dominierende Position signalisieren und diese Entscheidungen sowie die eingesetzten Anlagen primär auf die Deckung der lokalen/regionalen Bedarfe abstellen. Dies schließt mit ein, dass auch erhebliche, über die Gemeindegrenzen hinausgehende Aktivitäten zielgerichtet und wirtschaftlich zweckmäßig vor Ort entschieden werden können, soweit sie der Stärkung einer nachhaltigen kommunalen/regionalen Wirtschaftstätigkeit dienen und einen Beitrag zum Public Value bzw. zum öffentlichen Zweck erbringen.

Diese Definition beschränkt Dezentralität ausdrücklich nicht auf die jeweilige Kommune. Eine Entscheidung auf kommunaler Ebene kann insbesondere auch dann vorliegen, wenn kommunalwirtschaftliche Unternehmen gemeinsam ein Infrastrukturprojekt realisieren oder Kommunen eine konkrete Infrastrukturleistung einem gemeinsamen Zweckverband übertragen. Der Aspekt der **interkommunalen Zusammenarbeit** gehört somit zum Kernbereich einer dezentralen Entscheidungsstruktur.

Dezentral ist die Entscheidungsfindung allerdings nur dann, wenn die zu treffenden Grundsatzentscheidungen zum Inhalt und Preis des Infrastrukturangebots tatsächlich in den einzelnen Kommunen getroffen werden. Würden dagegen diese Festlegungen in einem Gemeinschaftsunternehmen ohne Rückkopplung mit den kommunalen Anteilseignern getroffen, wäre im Einzelfall zu prüfen, ob die Dimension des Projekts (evtl. im Zusammenhang mit weiteren Gemeinschaftsaktivitäten) als für den Gesamtmarkt bedeutend anzusehen ist. Ebenso sind solche Aktivitäten nicht mehr als dezentral einzustufen, die darauf hinauslaufen, einen unternehmerischen Wachstumsprozess in Gang zu setzen, der auf eine in Form und Inhalt vergleichbare Entwicklung eines Konzernunternehmens hinausläuft. Die Grenze ist im Einzelfall nicht leicht zu ziehen, die o.g. Kriterien können aber bei der Bewertung des Einzelfalls sehr hilfreich sein.

Die von kommunalwirtschaftlichen Unternehmen dezentral erbrachte Daseinsvorsorge ist für die gesellschaftliche und wirtschaftliche Entwicklung **aus mehreren Gründen von wesentlicher Bedeutung**:

• Sie überwindet die einseitige Orientierung an kurzfristigen Unternehmensgewinnen, die an die Anteilseigner ausgeschüttet werden (Shareholder Value) zugunsten eines Beitrags zum Gemeinwohl (Public Value), also z.B. zur Sicherung der natürlichen Lebensgrundlagen durch Klima- und Ressourcenschutz.
• Sie fördert die Vielfalt von Akteuren und optimiert dadurch die Voraussetzungen für einen Innovations- und Qualitätswettbewerb sowie für die Verwirklichung der Ziele einer nachhaltigen Bewirtschaftung der natürlichen Ressourcen.
• Auf Wettbewerbsmärkten kann sie die Ausweitung oligopolistischer Strukturen begrenzen und marktbeherrschende Positionen abbauen helfen.

- Sie schafft Voraussetzungen, dem Primat der Politik in der Energie- und Ressourcenfrage Geltung zu verschaffen und sie trägt damit zur Beibehaltung demokratisch legitimierter Steuerung der für eine Volkswirtschaft unverzichtbaren Ver- und Entsorgungsmärkte bei.
- Sie verstärkt die Kundenbeziehung, erschließt mögliche Synergien des Querverbundes, mobilisiert die endogenen Potenziale vor Ort bei den erneuerbaren Energien und Materialien, bei der Energie- und Materialeffizienz und bei den damit verbundenen Produktionsprozessen und Dienstleistungen.
- Sie ermöglicht positive Nettobeschäftigungseffekte, reduziert den Import von Energie und Rohstoffen durch nationale/regionale Wertschöpfung, entsprechend den natürlichen Gegebenheiten z.B. in der Wasserver- und Abwasserentsorgung, und stärkt dadurch die regionalen Stoff- und Wirtschaftskreisläufe.

Die Stärken kommunaler Unternehmen sind vielfältig (siehe Abbildung 19). Allerdings werden sie einem häufig erst dann richtig bewusst, wenn sie nicht mehr da sind (z.B. nach einer Privatisierung).

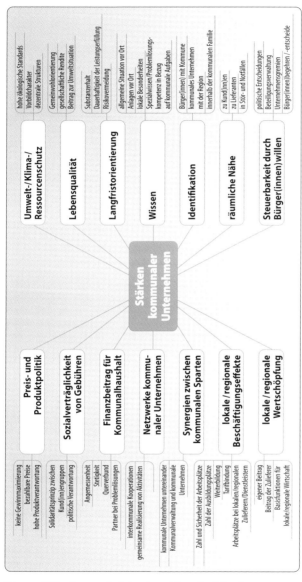

Abb. 19: Stärken kommunaler Unternehmen (eigene Darstellung)

Selbstverständlich haben kommunale Infrastrukturunternehmen nicht nur Vorteile. Festgestellte Schwächen wurden bei der Strategieentwicklung berücksichtigt.

Die Stärken und Schwächen wurden für **drei Grundtypen der Unternehmensausrichtung** herausgearbeitet, die typische Konstellationen kommunaler Unternehmen repräsentieren. Es wurden abgegrenzt:

- Ein Unternehmen, das sich als kommunaler **Netzbetreiber bzw. Logistiker** z.b. auf den Anschluss der Endabnehmer an das örtliche Energieverteilnetz beschränkt oder auf das Sammeln und den Abtransport des Abfalls.
- Der **kommunale Komplettdienstleister**, der dagegen für die Kommune die Breite der dezentralen Infrastruktur der jeweiligen Sparte anbietet.
- Ein **regional expandierendes kommunales Unternehmen**, das zumindest einen Teil der in der eigenen Kommune angebotenen Produkte und Dienstleistungen auch in anderen Gebieten zu vermarkten versucht.

Die Erfahrung lehrt, dass sich die erwähnten positiven Beiträge und Perspektiven dezentraler Infrastrukturen angesichts der Vermachtung der Märkte nicht von selbst ergeben, sondern dass hierfür durch aktivierende Klima-, Energie-, Abfall- und Wasserpolitik förderliche Rahmenbedingungen im EU-weiten und nationalen Rahmen geschaffen werden müssen.

Zusätzlich zur internen Unternehmensanalyse ist auch die Entwicklung externer Faktoren von Bedeutung. Hieraus lassen sich Chancen und Gefahren zuordnen, die sich aus dieser Entwicklung ergeben. Ausgangspunkt dafür waren projektive Szenarien, deren relevante Bereiche die Trends in der jeweiligen Spartenentwicklung bestimmen. Diese Szenarien sind qualitative, konsistente Darstellungen der Entwicklung externer Faktoren in den kommenden zehn Jahren. Es handelt sich hierbei nicht um quantitative Projektionen möglicher Zukünfte.

Drei konsistente Szenarien wurden parallel in jeder Sparte erarbeitet:

Szenario 1:
Trendentwicklung von Märkten und staatlich festgelegten Rahmenbedingungen (mit durchaus gegenläufigen Trends in den Bereichen Wettbewerb und Ökologie); hinzu kommt, dass Politik und Verwaltung inkonsistent handeln und zudem zwischen den Bundesländern sowie zwischen einzelnen Kommunen große Unterschiede in den Entwicklungspfaden möglich sind.

Szenario 2:
Umorientierung der Marktprozesse durch Umsetzung einer konsequenten Nachhaltigkeitspolitik, als Antwort auf ökologische und andere Erfordernisse, z.B. drohende Rohstoffkrisen; dabei werden die verschiedenen Politikfelder konsequent umorientiert, um den Erfordernissen des Ressourcenschutzes Rechnung zu tragen; hinzu kommt, dass auch die erforderlichen Umsetzungsbedingungen geschaffen werden (z.B. durch Absicherung der Tätigkeit von kommunalen Unternehmen im Kommunal-

und Steuerrecht – sowohl unter dem Gesichtspunkt der Unterstützung als notwendige Marktpartner für lokale/regionale ökologische Prozesse als auch als notwendige Wettbewerber gegenüber Konzernunternehmen); wo es Wettbewerb gibt, wird er ökologisch und sozial verantwortlich gestaltet (und rechtlich abgesichert).

Szenario 3:
Spiel der Marktkräfte durch Rückzug des Staates, d.h. durch Liberalisierung, Privatisierung und allgemeine Deregulierung (bei gleichzeitig verschärfter Regulierung bei Fehlen von Wettbewerb); das Politik- und Verwaltungshandeln (einschließlich der Aufsichts- bzw. Kontrolleinrichtungen) ist darauf gerichtet, die Preise und Gebühren als Inputpreise für Unternehmen und Bestimmungsfaktor der verfügbaren Einkommen der privaten Haushalte zu senken; der Instrumenteneinsatz erfolgt konsistent (z.b. wird das Bemühen, mögliche Öffnungen der Märkte für private Unternehmen umzusetzen, ergänzt durch Privatisierungen sowie Beschränkungen für die Wirtschaftstätigkeit von kommunalen Unternehmen im Kommunalrecht und durch die Praxis der Kommunalaufsicht); die Intensivierung des internationalen Wettbewerbs geht einher mit der Verringerung der Zahl der inländischen Anbieter.

Die drei Szenarien bilden in der jeweiligen Sparte die Bandbreite der unterstellten Zukunftsentwicklungen ab, und damit zugleich auch das Spannungsfeld von Wettbewerb und Klimaschutz/Ressourceneffizienz, in dem die Qualität der Dienstleistung möglichst gehalten oder verbessert werden sollte.

Die aus den Szenarien ableitbaren Chancen und Gefahren für die kommunalen Unternehmen wurden identifiziert, bewertet, gebündelt und gewichtet. Sie wurden dann – unabhängig von den Szenarien, aus denen sie entwickelt wurden – den Stärken und Schwächen in sogenannten SWOT-Tabellen gegenübergestellt. SWOT ist die Abkürzung für Strengths-Weaknesses-Opportunities-Threats, oder deutsch: Stärken-Schwächen-Chancen-Gefahren.

In jeder Sparte wurden drei SWOT-Tabellen erarbeitet: eine Tabelle für jeden der drei o.g. Grundtypen der Unternehmensausrichtung. Zusammen mit den internationalen (und auch nationalen) Erfahrungen mit der Liberalisierung/Deregulierung sowie möglichen Synergien durch eine verstärkte Kooperation zwischen den Sparten der kommunalen Wirtschaft mündeten die Ergebnisse der SWOT-Analysen in die Strategieentwicklung.

Wichtig sowohl für die Erstellung der SWOT-Tabellen als auch für die Interpretation der Ergebnisse war, dass externe Entwicklungen unabhängig vom Grundtyp der Unternehmensausrichtung zu ermitteln waren. Deshalb war es – anders als bei der internen Analyse – hier nicht sinnvoll, zwischen den jeweils drei Grundtypen zu unterscheiden. Denn die möglichen Zukunftszustände als Ergebnis von extern determinierten Faktoren sind selbstverständlich für alle drei Grundtypen gleich. Dies ermöglichte, die Effekte unterschiedlicher Unternehmensausrichtungen zu identifizieren.

In den Spartenuntersuchungen wurden Strategien für die einzelnen Grundtypen der Unternehmensausrichtung und bezogen auf die unterschiedlichen Szenarien entwickelt.

Insgesamt ergab sich eine **große Zahl möglicher Strategien**. Für die Strategieentwicklung in konkreten Unternehmen ergibt sich selbstverständlich ein geringeres Spektrum. Denn dort wird vom Ist-Zustand des konkreten Unternehmens ausgegangen (und nicht von einem Unternehmenstyp). Hinzu kommt, dass die Einschätzung der möglichen Zukunftszustände im konkreten Unternehmen in der Regel nicht in der ganzen Breite erfolgt, sondern lediglich für die individuell für wahrscheinlich gehaltenen. Es findet dann nur noch eine Plausibilitätsüberlegung statt, welche Auswirkungen zu befürchten wären, wenn wichtige Grundannahmen der künftigen externen Entwicklungen nicht zutreffen.

Nachfolgend werden exemplarisch Strategien skizziert, die für die einzelnen Sparten erarbeitet wurden. Nur für ausgewählte Strategien wurden dabei auch Maßnahmenbündel zur Umsetzung geschnürt, ihre Umsetzungsbedingungen analysiert und Meilensteine definiert. Auch diese Maßnahmenbündel werden exemplarisch dargestellt.

Die Darstellung erfolgt wiederum nach den untersuchten Sparten. Die Spartenberichte enthalten jeweils eine umfassende Dokumentation der entwickelten Strategien und Maßnahmenbündel.

In der Sparte Energie wurden fünf strategische Maßnahmenbündel analysiert. Als strategische Maßnahmenbündel der Energiesparte soll hier beispielhaft „Energiedienstleistungen" (EDL) für den kommunalen Komplettdienstleister im Nachhaltigkeitsszenario dargestellt werden.

Eine nachhaltige energiewirtschaftliche Unternehmenspolitik eines lokalen Komplettdienstleisters ist dadurch gekennzeichnet, dass er seine Bezugsquellen diversifiziert, die örtlichen Potenziale der regenerativen Energien nutzt, dezentrale Kraft-Wärme/Kälte-Kopplung ausbaut und die bei den Kund(inn)en vorhandenen Energieeffizienzpotenziale erschließt. Beim Auf- und Ausbau von kundengruppenspezifischen Dienstleistungen kann der Komplettdienstleister alle genannten Handlungsfelder berücksichtigen. Die Ausweitung der Energiedienstleistungen ist aus Kundensicht in der Regel hoch wirtschaftlich, für den Komplettdienstleister je nach Rahmenbedingungen (s.u.) wirtschaftlich sinnvoll (Verlängerung der Wertschöpfungskette) und klimaschutzpolitisch notwendig. Dabei ergibt sich aus den vielfältigen Kundenkontakten am Ort für ein kommunales Querverbundunternehmen ein komparativer Wettbewerbsvorteil gegenüber externen Energiedienstleistern, die nicht über die gleiche Vielfalt (Strom, Gas, Wasser, Wärme etc.), Kontinuität und Intensität an Kundenkontakten verfügen.

Daher können die meisten Energieeffizienz- und CO_2-Minderungspotenziale im Energiebereich auf örtlicher bzw. regionaler Ebene umfassender und effizienter erschlossen werden. Außerdem kann durch das Angebot von

Energiedienstleistungen die Kundenbindung und Kundenzufriedenheit verbessert werden, weil z.B. über die strategische Effizienzsteigerung beim Kunden auch u.u. notwendige Preiserhöhungen für Endenergie gedämpft und damit Lieferbeziehungen und Akzeptanz stabilisiert werden können. Zudem ist aus der Sicht des kommunalen Gesellschafters und des „Konzerns Kommune" ein breit gefächertes Energiedienstleistungsangebot des kommunalen Komplettdienstleisters ein Standortvorteil. Es kann dazu beitragen, den Import von teurer Energie in die Region durch einen höheren Anteil regionaler Wertschöpfung sowie durch Kaufkraft- bzw. Multiplikatoreffekte zu kompensieren. Herausragende Leistungen eines örtlichen Energiedienstleisters können auch einen positiven Faktor für das Standort-Marketing, für Unternehmensansiedlungen sowie für innovative Zulieferer oder Ausgründungen aus wissenschaftlichen Einrichtungen in der Region bilden.

Wichtig ist, dass das Unternehmen möglichst „maßgeschneiderte" Dienstleistungen anbietet. Das Dienstleistungsangebot des Komplettdienstleisters berücksichtigt zumindest folgende Kundengruppen:

- Vor-Ort-Großkunden bzw. Industriekunden
- kleine und mittlere Unternehmen/Gewerbe inkl. Bündelkunden
- öffentliche Liegenschaften sowie
- Privat- und Geschäftshaushalte.

Bei den angebotenen Dienstleistungen sind im Wesentlichen folgende Unterscheidungen zu treffen:

- **Stromeffizienzdienstleistungen** (z.B. in den Bereichen Lüftung, Klimatisierung, Druckluft, Beleuchtung, Pumpen, aber auch das Lastmanagement)
- **Gas- und Wärme/Kälte-Dienstleistungen** (z.B. Nutzwärmeservice für Wohngebäude)
- **Systemare Dienstleistungen** (auch in Zusammenarbeit mit anderen Sparten z.B. zur Optimierung von Industrieprozessen (Produktionsprozessen) in den Anwendungs- und Technologiebereichen Strom, Raumwärme, Prozesswärme, Kälte, Druckluft, Trinkwasser, Brauchwasser, Gas, Gebäudemanagement, Werkslogistik, Werksentsorgung und Abwasser)
- **Analysen, Gutachten und Beratungsangebote** (z.B. betriebliche Energiekonzepte).

Zudem ist für die wirtschaftliche Attraktivität für das Energieunternehmen die Unterscheidung zwischen von den Kund(inn)en direkt bezahlten Dienstleistungen (wie Einspar- oder Energie-Contracting) einerseits und für die Kund(inn)en kostenloser Beratung, Förderprogrammen oder ähnlichen Dienstleistungen andererseits wichtig. Bezahlte Dienstleistungen können vor allem bei größeren Kunden wirtschaftlich sehr attraktiv sein. Kostenlose Beratung lässt sich durch die Beiträge zu Kundenbindung und Kundenzufriedenheit tragen. Für umfangreiche Förderprogramme ist jedoch eine rechtlich garantierte Erstattung der Programmkosten an das Unternehmen wichtig, wie sie im Nachhaltigkeitsszenario angenommen ist.

Sie könnte aus einem staatlichen EnergieSparFonds, über die Netzentgelte oder Energiepreise erfolgen.

Für die Sparte Wasser/Abwasser wurde aus dem Spektrum der Strategien und Maßnahmenbündel beispielhaft die kontinuierliche Verbesserung der Leistung im Rahmen der Strategie „Effizienz- und Qualitätsoffensive" des Komplettdienstleisters im Trendszenario ausgewählt. Für die Wassersparte wird generell das Trendszenario als sehr wahrscheinlich erachtet.

Eine spürbar hohe Servicequalität bietet wichtiges Unterscheidungspotenzial gegenüber privatwirtschaftlich agierenden Unternehmen der Wasserwirtschaft und ist gleichzeitig geeignet, das Vorurteil vom „überbürokratischen" öffentlichen Unternehmen zu entkräften. Die kommunale Wasserwirtschaft kann sich hierfür auf zwei wichtige Stärken besinnen: Die Nähe zu den Kund(inn)en und die Zusammenarbeit mit anderen kommunalen Sparten. Wichtige Inhalte des vorgestellten Maßnahmenbündels „Kontinuierliche Verbesserung der Leistung" zielen darauf ab, zwei wesentliche Stellschrauben mit Bedeutung für die Infrastrukturkosten zu adressieren:

- eine mittelfristige **spartenübergreifende Sanierungs- und Erneuerungsplanung**, die Kosteneffizienzvorteile durch **gemeinsamen Tiefbau** ermöglicht und in Abstimmung mit kommunalen Baumaßnahmen koordiniert wird, und
- eine enge **Zusammenarbeit** der infrastrukturverantwortlichen Sparten Gas, Strom und Wasser/Abwasser **mit der kommunalen Stadtplanung,** die eine herausragende Bedeutung für die mittel- bis langfristigen Infrastrukturkosten hat.

Beide Maßnahmenteile sind wesentlich für die Dämpfung der Infrastrukturkosten und beruhen nahezu zwingend auf der kommunalen Stärke der Eingebundenheit in politische Entscheidungsprozesse und der Nähe zu anderen kommunalen Unternehmen.

Eine nachhaltige Wasser- und Abwasserinfrastrukturentwicklung verlangt nach langfristiger Planung, die die langfristigen demografischen und klimatischen Veränderungen sowie die mittelfristigen Entwicklungen auf Quartiersebene berücksichtigt. Auf dieser Grundlage erfolgt eine mittel- bis langfristige Sanierungs- und Instandhaltungsplanung, die in enger Abstimmung mit kommunalen Straßenbaumaßnahmen und anderen Infrastruktursystemen koordiniert wird und ggf. auch niedrigschwellige Angebote für Grundstückseigentümer beinhaltet. In einem weiteren Schritt geht es darum, als Infrastrukturunternehmen eine gewichtigere Rolle bei Stadtplanungsprozessen einzunehmen.

Insgesamt 11 strategische Maßnahmenbündel wurden für die kommunale Abfallwirtschaft entwickelt. Als ein aktuell sehr interessantes strategisches Maßnahmenbündel der Abfallwirtschaft sei hier exemplarisch die energetische Biomassenutzung aus der Strategie „Abfallwirtschaft als

Rohstoffwirtschaft" des kommunalen Komplettdienstleisters dargestellt. Den Hintergrund bilden politische Anforderungen an die Abfallwirtschaft, einen Beitrag zum Klimaschutz durch die Gewinnung von Energie auf Basis erneuerbarer Rohstoffe zu leisten.

Das kommunale Abfallwirtschaftsunternehmen entwickelt die energetische Verwertung von Bioabfällen als neues Geschäftsfeld (s. auch Maßnahmenbündel „Waste to Energy"). Angesichts politischer Vorgaben zum Klimaschutz und stetig steigender Energiepreise bietet die anaerobe Vergärung von Bioabfällen erhebliche ökologische und ökonomische Potenziale. Dieser Trend ist bereits absehbar. Seit 1996 hat sich die Anzahl von Vergärungsanlagen in Deutschland verdreifacht. Trotzdem weisen gerade erst 10% der Bioabfall-Anlagen eine anaerobe Stufe auf. Und auch die Erfassung von Bioabfällen in Haushalten durch getrennte Sammlung kann noch deutlich ausgebaut werden.

Bei der Vergärung von Bioabfällen, aber auch Grünschnitten oder Speiseabfällen (die nicht mehr unbehandelt als Futtermittel eingesetzt werden dürfen), werden durch den mikrobiellen Stoffwechsel in unterschiedlichen Verfahren (Trockenvergärung, Nassvergärung etc.[1]) methanhaltige Biogase gebildet, die auch zu Erdgas veredelt werden können oder bisher überwiegend in Blockheizkraftwerken verstromt werden. Bei der Einspeisung können je nach Verfahren unterschiedliche Einspeisevergütungen nach dem Erneuerbare-Energien-Gesetz erzielt werden (Biomasse-Mindestvergütung, Innovative-Technologie-Bonus, KWK-Bonus), die zu einer Amortisierung der Investitionen bei deutlichen Beiträgen zum Klimaschutz führen. Da sowohl Investitionskosten als auch Betriebskosten je nach Verfahren sehr unterschiedlich ausfallen, muss die konkrete Auswahl eines Verfahrensanbieters von den jeweiligen Gegebenheiten abhängig gemacht werden. Ideale Voraussetzungen dafür sind eine Mindestmenge an Bioabfällen mit einem hohen Anteil an Küchenabfällen im Vergleich zu Gartenabfällen sowie ein nahe gelegener Abnehmer für die im Prozess entstehende Wärme (KWK). Anaerobe Stufen können relativ leicht in bestehende Kompostierungswerke integriert werden, die anfallenden Gärreste werden, ggf. nach einer Nachrottung, ebenfalls im Kompostwerk verwertet.

Etablierte, aber ausbaufähige Strukturen existieren bereits in der Verwertung von Altholz. Dies betrifft insbesondere eine intensivierte KWK-Nutzung in Altholz-Heizkraftwerken als eine Option für die kommunale Abfallwirtschaft.

Die Ergebnisse liegen vor und können umgesetzt werden

Die Forschungspartnerschaft INFRAFUTUR hat für die beteiligten Unternehmen eine Vielzahl an Erkenntnissen gebracht, die in die Fortentwicklung ihrer Strategien einfließen. Durch die Veröffentlichung der Ergebnisse

---

1 Während bei der Nassvergärung auch flüssige Abfälle wie Gülle eingesetzt werden können, zeichnet sich die Trockenvergärung von Bioabfällen v.a. durch geringeren maschinentechnischen Aufwand und dadurch geringere Betriebskosten aus.

erhalten auch die übrigen kommunalen Unternehmen die Möglichkeit, an den Ergebnissen teilzuhaben. Sie können die entwickelte Methodik und viele Ergebnisse im eigenen Unternehmen umsetzen – natürlich angepasst auf die konkreten Verhältnisse vor Ort.

Hierzu ist zunächst zu entscheiden, wo sich das konkrete Unternehmen im Spektrum der strategischen Grundorientierung zuordnet. Deshalb steht am Anfang des Prozesses die Eigenanalyse der aktuellen Situation und der gewünschten Entwicklungsrichtung. Die umfangreichen Unterlagen, die von der Forschungspartnerschaft erarbeitet wurden, sollen hierbei helfen und den Weg von der Analyse über die Strategieentwicklung bis zu deren Umsetzung erleichtern. Wir wünschen hierbei viel Erfolg!

9 Literatur

Altmann, Alexandra (2006):
Gesagt, getan! Business-Strategien und Pläne erfolgreich umsetzen, Heidelberg.

Alwast, H. (2007):
Ersatzbrennstoffmarkt. Entwicklung in Deutschland – Mengen, Preise, Markttendenzen. Vortrag auf dem 19. Kasseler Abfallforum, Kassel.

Bauer, Hans H.; u.a. (2007):
Der Einfluss der Mixed Emotions auf die Werbewirkung.
Eine experimentelle Studie, Mannheim.

Bea, F.X.; Haas, J. (2005):
Strategisches Management, 4. Aufl., Stuttgart

Beyer, Rainer; Gay, Reiner; Neusinger, Ulrich (2003):
Strategische Partnerschaften – Welche Wege können Sie gehen?, in: Wambach, Martin (2003), S. 11ff.

Bügler, Georg F.W. (2005):
Unternehmenskauf, in: Deutsches Steuerberatungsinstitut e.V. (2005), S. 2137ff.

Dehoust, G. et al. (2005):
Statusbericht zum Beitrag der Abfallwirtschaft zum Klimaschutz.
Im Auftrag des UBA. Darmstadt.

Esch, Franz-Rudolf (2007):
Strategie und Technik der Markenführung, 4. Aufl., München.

Have, Steven ten; u.a. (2003):
Handbuch Management-Modelle, Weinheim.

Höft, Uwe (2001):
SWOT-Analyse, Brandenburg.

Horvárth & Partners (2004), Hrsg.:
Balanced Scorecard umsetzen, Stuttgart.

Hungenberg, H.; Meffert, J. (2005) (Hrsg.):
Handbuch Strategisches Management, 2. Aufl., Wiesbaden.

IPCC (Intergovernmental Panel on Climate Change((2007):
Fourth Assessment Report, Bonn

Jäger, Alexander:
Der Zusammenhang von Staat und Infrastruktur und die Privatisierung von Infrastrukturen aus staatstheoretischer Perspektive, in: Schneider, Volker; Tenbücken, Marc (Hrsg.): Der Staat auf dem Rückzug. Die Privatisierung öffentlicher Infrastrukturen, Frankfurt u. New York 2004, S. 29 ff.

Jochimsen, Reimut:
Theorie der Infrastruktur. Grundlagen der marktwirtschaftlichen Entwicklung, Tübingen 1966.

Jossé, German (2005):
Balanced Scorecard. Ziele und Strategien messbar umsetzen, München.

Kaplan, Robert S.; Norton, David P. (1997):
Balanced Scorecard. Strategien erfolgreich umsetzen, Stuttgart.

Kaplan, Robert S.; Norton, David P. (2004):
Strategy Maps. Der Weg von immateriellen Werten zum materiellen Erfolg, Stuttgart.

Kaplan, Robert S.; Norton, David P. (2006):
Alignment. Mit der Balanced Scorecard Synergien schaffen, Stuttgart.

Kerth, Klaus; u.a. (2007):
Die besten Strategietools in der Praxis. Welche Werkzeuge brauche ich wann? Wie wende ich sie an? Wo liegen die Grenzen?, 2. Aufl.

Kotler, Philip; Trias de Bes, Fernando (2005):
Laterales Marketing für echte Innovationen. Auf Abwegen zum Erfolg, Frankfurt u. New York.

Kotler, Philip; u.a. (2007)):
Marketing-Management. Strategien für wertschaffendes Handeln, 12. Aufl., München.

Lombriser, Roman; Abplanalp, Peter A. (2005):
Strategisches Management. Visionen entwickeln, Strategien umsetzen, Erfolgspotenziale aufbauen, Zürich.

Loske, Reinhard; Schaeffer (2005) (Hrsg.):
Die Zukunft der Infrastrukturen. Intelligente Netzwerke für eine nachhaltige Entwicklung, Marburg.

Macharzina, Klaus (2003):
Unternehmensführung. Das internationale Managementwissen. Konzepte – Methoden – Praxis, 4. Aufl., Wiesbaden.

Malik, Fredmund (2005):
Management. Das A und O des Handwerks, Band. 1, Frankfurt a.M.

Mayntz, Renate; Schneider, Volker:
Die Entwicklung technischer Infrastruktursysteme zwischen Steuerung und Selbstorganisation, in: Mayntz, Renate; Scharpf, Fritz W. (Hrsg.): Gesellschaftliche Selbstregelung und politische Steuerung, Frankfurt u. New York 1995, S. 73ff.

Meffert, Heribert; u.a. (2005) (Hrsg.):
Markenmanagement. Identitätsorientierte Markenführung und praktische Umsetzung. Mit Best Practice-Fallstudien, 2. Aufl., Wiesbaden.

Meffert, Heribert; u.a. (2008):
Marketing. Grundlagen marktorientierter Unternehmensführung. Konzepte – Instrumente – Praxisbeispiele, 10. Aufl., Wiesbaden.

Müller-Stewens, Günter; Lechner, Christoph (2005):
Strategisches Management. Wie strategische Initiativen zum Wandel führen, 3. Aufl., Stuttgart.

Nagel, Reinhart (2007):
Lust auf Strategie. Workbook zur systemischen Strategieentwicklung, Stuttgart.

Nitsch, J. in Zusammenarbeit mit DLR (Deutsches Zentrum für Luft- und Raumfahrt) 2007:
Leitstudie 2007 „Ausbaustrategie Erneuerbare Energien". Aktualisierung und Neubewertung bis zu den Jahren 2020 und 2030 mit Ausblick bis 2050 (Leit-szenario 2006). Untersuchung im Auftrag des BMU (Bundesministerium für Umwelt, Naturschutz und Reaktorsicherheit). Stuttgart.

Peters, Hans-Rudolf (1981):
Grundlagen der Mesoökonomie und Strukturpolitik, Bern u. Stuttgart.

Porter, M.E. (1999):
Wettbewerb und Strategie, München.

Simonis, Udo Ernst (1971) (Hrsg.):
Infrastruktur, Köln.

SOTEC (2007):
Chemiepark Knapsack – ein EBS-Kraftwerk entsteht. Symposium 26.10.2007 in Duisburg http://www.umwelt.nrw.de/umwelt/pdf/sotec_munlv_symposium.pdf.

Stöger, Roman 2007):
Strategieentwicklung für die Praxis. Kunde – Leistung – Ergebnis, Stuttgart.

Steiniger Henny (2003):
Die SWOT-Analyse. Stengths – Weaknesses – Opportunities – Threats, o.O.

Stern, Sir Nicholas (2006):
Stern Review on the Economics of Climate Change, o.O.

UBA (2006):
Energie aus Abfall. Ein bedeutender Beitrag zum Klimaschutz. Workshop-Dokumentation, Dessau.

YourSales Unternehmensberatung in Zusammenarbeit mit dem Verband kommunaler Unternehmen (2006):
Studie „Stadtwerk der Zukunft". Perspektiven kommunaler Energieversorgung, Köln und Mannheim.

Verband kommunale Abfallwirtschaft und Stadtreinigung im Verband kommunaler Unternehmen e.V. (2006) (Hrsg.):
Citizen Value – Dem Bürger verpflichtet Strategiepapier vom 31.05.2006, Köln.

Wambach, Martin (2003) (Hrsg.):
Kommunale Unternehmer im Fokus. Neue Strukturen, bessere Steuerung, mehr Geld, Nürnberg.

Waniczek, Mirko; Werderits, Ehrenfried (2006):
Sustainability Balanced Scorecard. Nachhaltigkeit in der Praxis erfolgreich managen – mit umfangreichem Fallbeispiel, Wien.

Welge, Martin. K.; Al-Laham, Andreas (2003):
Strategisches Management. Grundlagen – Prozess – Implementierung, 4. Aufl., Wiesbaden.

10 Anhang

Liste der Forschungspartner

Partner	Koordination durch
Abfallwirtschaftsbetrieb München www.awm-muenchen.de	Rudolf Schenkel Leiter Unternehmensentwicklung und Kommunikation
AWA Entsorgung GmbH www.awa-gmbh.de	Stephanie Pfeifer Stabstelle Projektentwicklung
AWG Abfallwirtschaftsgesellschaft mbH Wuppertal – www.awg.wuppertal.de	Bernd Dillbohner Referent der Geschäftsführung
Eigenbetrieb Abfallwirtschaft und Stadtreinigung der Stadt Darmstadt www.ead.darmstadt.de	Sabine Kleindiek 1. Betriebsleiterin
Heidelberger Stadtwerke GmbH www.heidelberger-stadtwerke.de	Heike Kuntz Geschäftsführerin
Kommunale Wasserwerke Leipzig GmbH www.wasser-leipzig.de	Hans Müller Leiter Controlling
Rhein-Sieg-Abfallwirtschaftsgesellschaft mbH www.rsag.de	Ludgera Decking Geschäftsführerin
Stadtreinigung Hamburg, AöR www.srhh.de	Anke Sellhorn-Timm Referentin Unternehmens- kommunikation
Stadtwerke Aachen AG www.stawag.de	Benjamin Bornefeld Projektmanager energieeffizienzKONZEPT Aachen
Stadtwerke Bochum GmbH www.stadtwerke-bochum.de	Bernhard Wilmert Geschäftsführer
Stadtwerke Emden GmbH www.stadtwerke-emden.de	Remmer Edzards Geschäftsführer
Stadtwerke München GmbH www.swm.de	Dr. Maximilian Quante Referent Energiepolitik

Partner	Koordination durch
Städtische Werke Magdeburg GmbH www.sw-magdeburg.de	Helmut Herdt Sprecher der Geschäftsführung
Verband kommunaler Unternehmen e.V. (VKU) – www.vku.de	Michael Wübbels Stellvertretender Hauptgeschäftsführer
Verband kommunale Abfallwirtschaft und Stadtreinigung im VKU (VKS) www.vksimvku.de	Karin Opphard Geschäftsführerin
Arbeitsgemeinschaft für sparsame Energie- und Wasserverwendung im VKU (ASEW) www.asew.de	Vera Litzka Geschäftsführerin
Wuppertal Institut für Klima, Umwelt, Energie GmbH – www.wupperinst.org	Prof. Dr. Peter Hennicke (Projektleitung), Dr. Stefan Thomas (Projektkoordination) Nikolaus Richter (Projektkoordination, Koordination der übergreifenden Frage- stellungen)

Hinweise zu den Spartenberichten

Die Spartenberichte können beim Wuppertal Institut gegen Entgelt bezogen werden.
Richten Sie Ihre Anfrage bitte an:

Wuppertal Institut für Klima, Umwelt, Energie GmbH
Sekretariat FG II
Postfach 100 480,
42004 Wuppertal
Fax-Nr.: 0202 2492-250
E-Mail: info@infrafutur.de

Inhalt der Spartenberichte

Energie

Vorwort
1 Einleitung und Überblick
2 Verwendete Methoden
3 Übergreifende Rahmenbedingungen im Wandel
4 Rahmenbedingungen der Energiewirtschaft im Wandel
5 Energiedienstleistungen in der Gesamtschau
6 Technische Handlungsoptionen und energiewirtschaftliche Chancen dezentraler Energienutzung, -erzeugung und -verteilung
7 Kommunale Grundtypen der Unternehmensausrichtung
8 Beschreibung des Unternehmenszwecks (Mission Statement)
9 Konkrete mittelfristige Ziele (Vision)
10 Ziele und Indikatorfelder für Nachhaltigkeit und Dienstleistungsqualität
11 Szenarien zur Ableitung von Chancen und Gefahren
12 Mögliche Synergien auf kommunaler Ebene
13 Strategieentwicklung
14 Strategische Maßnahmenbündel und Meilensteine
Glossar

Circa 430 Seiten, 45 Abbildungen und 36 Tabellen

Wasser/Abwasser

Vorwort
1 Einleitung und Überblick
2 Verwendete Methoden
3 Übergreifende Rahmenbedingungen im Wandel
4 Rahmenbedingungen der Wasserwirtschaft im Wandel
5 Kommunale Grundtypen der Unternehmensausrichtung
6 Beschreibung des Unternehmenszwecks (Mission Statement)
7 Konkrete mittelfristige Ziele (Vision)
8 Zielbereiche und Indikatorfelder für Nachhaltigkeit und
   Dienstleistungsqualität
9 Szenarien zur Ableitung von Chancen und Gefahren
10 Mögliche Synergien auf kommunaler Ebene
11 Strategieentwicklung
12 Strategische Maßnahmenbündel und Meilensteine
   Glossar

Circa 220 Seiten, 18 Abbildungen und 21 Tabellen

Abfall

Vorwort
1 Einleitung und Überblick
2 Verwendete Methoden
3 Übergreifende Rahmenbedingungen im Wandel
4 Rahmenbedingungen der deutschen Abfallwirtschaft im Wandel
5 Zielsysteme und Strategien in der Abfallwirtschaft
6 Kommunale Grundtypen der Unternehmensausrichtung
7 Beschreibung des Unternehmenszwecks (Mission Statement)
8 Konkrete mittelfristige Ziele (Vision)
9 Ziele und Indikatorfelder für Nachhaltigkeit und
   Dienstleistungsqualität
10 Szenarien zur Ableitung von Chancen und Gefahren
11 Mögliche Synergien auf kommunaler Ebene
12 Strategieentwicklung
13 Strategische Maßnahmenbündel und Meilensteine
   Glossar

Circa 250 Seiten, 22 Abbildungen und 26 Tabellen

Nähere Informationen finden Sie auch unter www.infrafutur.de

Glossar

Agenda 21: Die Agenda 21 ist ein entwicklungs- und umweltpolitisches Aktionsprogramm für das 21. Jahrhundert, ein Leitpapier zur nachhaltigen Entwicklung, beschlossen von 179 Staaten auf der „Konferenz für Umwelt und Entwicklung der Vereinten Nationen" (UNCED) in Rio de Janeiro (1992). Die Agenda 21 besteht aus 40 Kapiteln, die sich wiederum in vier Abschnitte einteilen lassen: Soziale und wirtschaftliche Dimensionen, Erhaltung und Bewirtschaftung der Ressourcen für die Entwicklung, Stärkung der Rolle wichtiger Gruppen sowie Möglichkeiten der Umsetzung. Die Agenda 21 ist vielerorts zur Leitlinie öffentlichen Handelns geworden. Sie bildet die Grundlage die Entwicklung vieler Kommunen in Richtung Nachhaltigkeit (lokale Agenda 21).

Anschluss- und Benutzungszwang ist die Verpflichtung zur Inanspruchnahme einer (gemeindlichen) öffentlichen Einrichtung. Der Anschlusszwang hat zum Inhalt, dass jeder, für dessen Grundstück das Gebot des Anschlusszwangs besteht, die zur Herstellung des Anschlusses notwendigen Vorrichtungen auf seine Kosten treffen muss. Der Benutzungszwang verpflichtet darüber hinaus zur Benutzung der Einrichtung und verbietet zugleich die Benutzung anderer, ähnlicher Einrichtungen.

Balanced Scorecard: Die Balanced Scorecard (BSC) geht auf ein von Robert S. Kaplan und David P. Norton 1992 eingeführtes Kennzahlensystem zurück, das finanzielle und nicht-finanzielle Visionen und Strategien eines Unternehmens ausbalanciert und seine Strategieumsetzung unterstützt. Es handelt sich um ein Managementwerkzeug, bei dem auch die Perspektiven von Eigentümern, Management, Kundschaft und Beschäftigten erfasst werden und zeichnet sich vor allem durch seine flexiblen und umfassenden Gestaltungsmöglichkeiten aus.

Biogas: Biogas besteht aus Methan (50-75%), Kohlendioxid (25-50%) sowie Sauerstoff, Stickstoff und Spurengasen (u.a. Schwefelwasserstoff). Es kann u.a. direkt für Heizzwecke oder mittels eines Blockheizkraftwerks (BHKW) zur gekoppelten Produktion von Strom und Wärme genutzt werden. Die Erzeugung des Gases erfolgt in Biogasanlagen durch anaerobe Vergärung organischer Stoffe. Landwirtschaftliche Biogasanlagen setzen als Basismaterial i.d.R. Gülle oder auch Festmist ein. Zur Erhöhung des Gasertrags kommen häufig Co-Fermentate zum Einsatz (z.B. nachwachsende Rohstoffe oder Abfälle aus der Lebensmittelindustrie). Das vergorene organische Material kann ggf. nach weiterer Behandlung als hochwertiger Dünger landbaulich verwertet werden.

Biomasse ist die gesamte durch Pflanzen oder Tiere anfallende/erzeugte organische Substanz. Beim Einsatz von Biomasse zu energetischen Zwecken – also zur Strom-, Wärme- und Treibstofferzeugung – ist zwischen nachwachsenden Rohstoffen oder Energiepflanzen und organischem Abfall zu unterscheiden. Mit verschiedenen Verfahren werden aus den unterschiedlichen Rohstoffen flüssige, feste oder gasförmige Energieträger.

Grüngut kann z.b. zu Biogas vergoren, über die thermochemische Verga-
sung in Synthesegas umgewandelt und dann zu Treibstoff verarbeitet oder
(nach Trocknung) thermisch verwertet werden. Wird Biomasse in Energie
umgewandelt, entsteht quasi nur die Menge CO_2, die vorher beim Wachstum der Pflanzen gebunden wurde.

Blockheizkraftwerk (BHKW): Ein Blockheizkraftwerk ist eine (meist motorisch betriebene) Anlage, die nach dem Prinzip der Kraft-Wärme-Kopplung
elektrischen Strom und Wärme vorzugsweise am Ort des Wärmeverbrauchs
erzeugt und die dabei entstehende Abwärme z.b. in ein Nahwärmenetz
einspeist. Dabei wird der eingesetzte Energieträger (z.b. Erdgas) sehr effizient genutzt und gegenüber der konventionellen Kombination von lokaler
Heizungsanlage und Stromversorgung durch ein zentrales Großkraftwerk
wird ein deutlicher CO_2-Minderungseffekt erzielt.

Brennstoffzelle: Eine Brennstoffzelle wandelt chemische Energie nach
dem Prinzip einer umgekehrten Elektrolyse in elektrische Energie und
Wärme um. Als Reaktionsprodukte entstehen Wasser und, je nach ver-
wendetem Energieträger, auch Kohlendioxid. Die Brennstoffzelle eignet
sich für den stationären und mobilen Einsatz.

Citizen Value beschreibt die Leistungen der kommunalen Abfallwirtschaft als wichtigen Teil ihres Leitbilds. Hiermit ist in Abgrenzung zum
Shareholder Value ein gemeinwohlorientiertes Leistungsverständnis
gegenüber dem Gemeinwesen verbunden. Citizen Value ist werteori-
entiertes Management im Sinne einer Corporate Social Responsibility
(CSR) mit regionalem Fokus. Es zielt von seinen Grundgedanken her
auf eine Verbindung von wirtschaftlicher Tätigkeit und Gemeinwohl. Die
Dokumentation und Kommunikation dieser Leistungen verfolgt das Ziel,
politische Entscheidungsträger und die Kund(inn)en an das Unternehmen zu binden. Mit einem Citizen Value Reporting legt ein Unternehmen
aber nicht nur anderen, sondern auch sich selbst Rechenschaft ab.

Contracting: Contracting (engl. Vertrag schließend) beschreibt die
Übertragung von eigenen Aufgaben auf ein dafür spezialisiertes Dienst-
leistungsunternehmen. Bei Anlagen-, Wärme- oder Energiecontracting
geht es um die Bereitstellung bzw. Lieferung von Nutzenergie oder
Betriebsstoffen (Wärme, Kälte, Strom, Dampf, Druckluft usw.) und den
Betrieb der dazu erforderlichen Anlagen.

Corporate Social Responsibility (CSR): CSR bezeichnet die soziale
Verantwortung der Wirtschaft. Dies beinhaltet den freiwilligen Beitrag
der Unternehmen zur nachhaltigen Entwicklung in verschiedenen
Bereichen. Das heißt, im Nachhaltigkeitskontext umfasst CSR alle
sozialen, ökologischen und ökonomischen Beiträge eines Unternehmens
zur freiwilligen Übernahme gesellschaftlicher Verantwortung.

Daseinsvorsorge als verwaltungsrechtlicher Begriff, der auch in der politischen und sozialwissenschaftlichen Diskussion eine wichtige Rolle spielt, umschreibt die staatliche Aufgabe zur Bereitstellung der für ein sinnvolles menschliches Dasein notwendigen Güter und Leistungen – die so genannte Grundversorgung, dazu gehören auch die im Projekt untersuchten Sparten Abfall, Energie und Wasser/Abwasser. Im Grundgesetz ist die Daseinsvorsorge vor allem durch den Art. 28 Abs.2 verankert, der die wirtschaftliche Betätigung der Gemeinden, und damit auch die Tätigkeit im Rahmen der Daseinsvorsorge, durch die Verfassungsgarantie der kommunalen Selbstverwaltung schützt.

Dezentral ist eine Infrastruktur, wenn die Entscheidungen auf regionaler oder kommunaler Ebene oder von Unternehmen getroffen werden, deren Marktanteile im Vergleich zum nationalen Gesamtmarkt keine dominierende Position signalisieren und diese Entscheidungen sowie die eingesetzten Anlagen primär auf die Deckung der lokalen/regionalen Bedarfe abstellen.dies schließt mit ein, dass auch erhebliche über die Gemeindegrenzen hinausgehende Aktivitäten zielgerichtet und wirtschaftlich zweckmäßig vor Ort entschieden werden können, soweit sie der Stärkung einer nachhaltigen kommunalen/regionalen Wirtschaftstätigkeit dienen und einen Beitrag zum Public Value bzw. zum öffentlichen Zweck erbringen.

Effektivität ist die Messlatte für den Grad, zu dem ein Potenzial ausgeschöpft oder ein Ziel erreicht wird, ist also immer auf ein Potenzial oder auf ein Ziel bezogen. Da der Begriff Effektivität den Inhalt der (unternehmerischen) Tätigkeit betrifft, ist es bei öffentlichen Unternehmen notwendig, die Effektivität auf den öffentlichen Zweck zu beziehen.

Effizienz: Wird Effektivität definiert wie im vorigen Absatz, dann wirkt sich das Verständnis vom Begriff Effektivität auch auf die Ermittlung der betriebwirtschaftlichen Effizienz aus. Diese kann dann als die Wirtschaftlichkeit des Mitteleinsatzes zum Erreichen der Unternehmensziele definiert und insbesondere im Sinne des Sparsamkeitsprinzips verstanden werden. Wenn die Effektivität an einem differenzierten öffentlichen Zweck orientiert wird, kann auch die Effizienz nicht nur eingeschränkt anhand von für private Unternehmen entwickelten Indikatoren (z.B. Eigenkapitalrendite, Umsatz-Kosten-Relation oder Personaleinsatz pro Umsatzeinheit) beurteilt werden. Ein unter privatwirtschaftlichen Gesichtspunkten positiver Wert sagt nichts über das Erreichen des öffentlichen Zwecks aus, sondern kann im Extremfall sogar ein Indiz für das Verfehlen des öffentlichen Zwecks sein.

Eigentumsrechtliches Unbundling: Die EU-Kommission sieht Handlungsbedarf, um den grenzüberschreitenden Wettbewerb auf den Strom- und Gasmärkten zu stärken. Im September 2007 hat die EU-Kommission deshalb ihre Vorschläge für ein drittes Strom- und Gasbinnenmarktpaket bekannt gegeben. In das Zentrum ihrer Vorschläge hat sie die so genannte vollständige Eigentumsentflechtung (ownership unbundling) der

Strom-Übertragungsnetze und Gas-Fernleitungsnetze von den übrigen Bereichen der Strom- und Gaswirtschaft gestellt. Zum Begriff der Entflechtung vgl. unten.

Emissionshandel: Der Emissionshandel soll dazu beitragen, die im Kyoto-Protokoll festgelegten Reduktionen von Treibhausgasen zu erreichen. Den Wirtschaftssektoren und jeder betroffenen Anlage werden konkrete Emissionskontingente zugeordnet und in diesem Umfang Emissionsberechtigungen zur Verfügung gestellt bzw. über Auktionen verkauft. Diese Berechtigungen sind handelbar.

Endenergie: Die Endenergie ist der Teil der Primärenergie, die nach Abzug von Wandlungs- und Transportverlusten zum Verbrauch zur Verfügung steht: Gas, Strom, Benzin etc.

(Energie-)Einspar-Contracting: Bei der Energiedienstleistung Einspar-Contracting plant und implementiert ein externer Auftragnehmer die nötigen Energiesparmaßnahmen. Dazu gehören die Gebäude-Analyse sowie die Umsetzung von Maßnahmen in den Bereichen Heizung, Regelung, Bauphysik, Lüftung, Klima (HKL) und Beleuchtung sowie Energie-Controlling. Während einer vereinbarten Vertragslaufzeit erhält der Auftragnehmer teilweise oder in voller Höhe die eingesparten Energiekosten, wodurch sich die Investitionen refinanzieren müssen.

Energiedienstleistungen: Anstelle der Lieferung der Energieträger wie Erdgas oder Strom wird bei der Energiedienstleistung der eigentliche Nutzen, also z.B. Wärme oder Licht geliefert und mit dem Kunden abgerechnet. Das Versorgungsunternehmen ist so eher in der Lage, anders als eine Vielzahl von Einzelhaushalten, energieeffiziente Technologien einzusetzen und/oder Maßnahmen zur Energieeinsparung durchzuführen und so Primärenergie einzusparen und/oder effizienter zu nutzen.

Energieeffizienz: Die Energieeffizienz besagt, wie hoch der Nutzen (z.B. warme und helle Räume, gekühlte Lebensmittel, zurückgelegte Weg-strecke) im Verhältnis zur eingesetzten Energie ist. Sie ist umso höher, je geringer der Energieaufwand für einen geforderten Nutzen ist.

Entflechtung (Unbundling): Die Entflechtung beinhaltet die buchhalterische, organisatorische, informatorische und gesellschaftsrechtliche Trennung (Legal Unbundling) verschiedener Geschäftsbereiche der Energieversorger. Nach den Vorgaben der EG-Richtlinien für den gemeinsamen Strom- und Gasmarkt von 2003 und dem im Juli 2005 in Kraft getretenen Energiewirtschaftsgesetz (EnWG) müssen Strom- und Gasversorger den Netzbetrieb von den Wettbewerbsbereichen (z.B. Erzeugung und Vertrieb) trennen. Die Entflechtung soll den diskriminierungsfreien Netzzugang sicherstellen. Das Energiewirtschaftsgesetz fordert die Trennung der netzbezogenen von den marktbezogenen Aktivitäten eines vertikal integrierten Versorgungsunternehmens.

Erdgas: Hauptbestandteil des farb- und geruchlosen Erdgases ist Methan (CH4).

Erneuerbare Energien: Zu den erneuerbaren Energien zählen Windkraft, Wasserkraft, Solarenergie, Geothermie, Bioenergie aus Biomasse bzw. Energiepflanzen und Verdunstungskälte. Sie werden auch Regenerative Energien genannt

Erneuerbare-Energien-Gesetz (EEG): Das EEG regelt Vergütungssätze für die Einspeisung von Strom aus erneuerbaren Energien in das öffentliche Stromnetz. Die hieraus resultierenden Mehrkosten werden über den Strompreis von den Kunden getragen. Ziel des Gesetzes ist es, den Anteil der erneuerbaren Energien an der Stromversorgung zu erhöhen. Über die Laufzeit von 20 Jahren wird ein fester Vergütungssatz an die Anlagenbetreiber gezahlt.

Ersatzbrennstoff (EBS): Ein Ersatzbrennstoff ist ein Brennstoff, der aus energetisch verwertbaren Haushalts-, Industrie- und Gewerbeabfällen gewonnen und aufbereitet wird. Es handelt sich dabei um einen ofenfertigen, qualitätsüberwachten Brennstoff. Grundsätzlich unterscheidet man zwischen Ersatzbrennstoffen, die aus flüssigen Abfällen wie Altöl oder Lösemittel hergestellt werden und denen aus festen Abfällen, die sich in der Regel aus Kunststoffen, Papier, Textilen, Verbundverpackungen etc. zusammensetzen.

Ersatzbrennstoff (EBS)-Kraftwerk: In einem EBS-Kraftwerk werden statt fossiler Brennstoffe Ersatzbrennstoffe verbrannt.

Erster Nationaler Energieeffizienz-Aktionsplan (NEEAP): Im Oktober 2007 legte das Bundeswirtschaftsministerium den nationalen Energieeffizienz-Aktionsplan vor. Damit erfüllte die Bundesrepublik Deutschland eine in der EU-Richtlinie für Endenergieeffizienz und Energiedienstleistungen auferlegte Verpflichtung. Der Aktionsplan zeigt auf, durch welche Maßnahmen die Einsparziele der europäischen Richtlinie (9% Endenergieeinsparung beim Jahresverbrauch bis Ende 2016) erreicht werden sollen. Im Abstand von jeweils drei Jahren sollen zwei weitere NEEAP folgen.

Geothermie: In Form von Wärme gespeicherte Energie unter der Erdoberfläche. In Deutschland herrschen in Tiefen von mehreren Tausend Metern Temperaturen von mehr als 100 °C, die zur Stromerzeugung genutzt werden können. Erdwärme zum Heizen von Gebäuden kann mit Sonden gewonnen werden, die nur etwa 100 Meter tief in die Erde reichen müssen.

GuD-Kraftwerk: Bei einem Gas und Dampfturbinen (GuD)-Kraftwerk entweichen die heißen Abgase der Gasturbine nicht für die Stromerzeugung ungenutzt in die Umgebung, sondern erzeugen Dampf für eine nachgeschaltete Dampfturbine. Durch die Kombination beider Prozesse erhöht sich der elektrische Wirkungsgrad auf über 58%. Wenn zusätzlich noch Abwärme in Nah- und/oder Fernwärmenetzen genutzt wird, erhöht sich der Gesamtwirkungsgrad nochmals deutlich.

Infrastruktur: Der Begriff Infrastruktur ist abstrakt. Bisher ist es nicht gelungen, ihn hinreichend präzise und allgemein einsetzbar zu definieren. Sicher ist, dass Infrastruktur einen konkreten regionalen Bezug hat und auf Basis- bzw. Unterstützungsfunktionen zugunsten der Unternehmen und Haushalte abstellt. Umstritten ist die Weite des Begriffs. Im Rahmen der Forschungspartnerschaft INFRAFUTUR werden die Sparten Energie, Wasser/Abwasser, Abfall und ÖPNV von kommunalen Unternehmen betrachtet. Innerhalb dieser Sektoren werden zur Infrastruktur gerechnet:

• die **baulichen und technischen Anlagen** (also z.B. die verschiedenen Netze) einschl. der Einrichtungen und Ausstattungen,
• die **konkreten institutionellen Regelungen** zur kommunalen Daseinsvorsorge,
• die **Organisation der integrativen Bearbeitung** der verschiedenen Bereiche der kommunalen Daseinsvorsorge als Synergie optimierendes, dynamisches System,
• die erforderlichen **Dienstleistungsaktivitäten**, um die von den Unternehmen und Haushalten benötigten Infrastrukturleistungen zu erbringen und
• die **personelle Ausstattung** der Institutionen, die im Bereich der kommunalen Daseinsvorsorge tätig sind (Anzahl und Qualifikation der Mitarbeiterinnen und Mitarbeiter).

Inhousevergabe bedeutet die Vergabe eines Auftrages an ein beherrschtes Unternehmen.

IT-Lösungen: Lösungen unter Zuhilfenahme von Informationstechnik (IT), worunter Informations- und Datenverarbeitung sowie die dafür benötigte Hard- und Software fallen.

Knotenpunkt: Im Rahmen der SWOT-Analyse (s.u.) bezeichnet ein Knotenpunkt das Aufeinandertreffen einer Stärke oder Schwäche des Unternehmens mit einer externen Chance oder Gefahr.

Kommunaler Netzbetreiber bzw. Logistiker: Dieser im Rahmen von INFRAFUTUR definierte Unternehmenstyp verfügt über einen Monopolbereich (z.B. in den leitungsgebundenen Infrastrukturbereichen die jeweiligen Netze), im Abfallbereich teilweise mit Anschluss- und Benutzungszwang. Das ggf. zeitlich begrenzte Monopol wurde ihm als Konzession oder hoheitliche Aufgabe übertragen. Dadurch, dass bestimmte Wertschöpfungsstufen von diesem Typ kommunaler Unternehmen nicht abgedeckt werden, sind seine Möglichkeiten, soziale und ökologische Verantwortung zu tragen, reduziert. Trotz Monopolstellung besteht aber sowohl ein hoher Qualitätsanspruch als auch die Orientierung an den im kommunalen Entscheidungsprozess formulierten und beschlossenen

Interessen der Bürgerinnen und Bürger. Getrenntsammlung oder Energieeinsparberatung sind daher Beispiele für die Möglichkeiten dieses Grundtyps.

Ein **kommunaler Komplettdienstleister** bietet zusätzlich zu den hoheitlichen Aufgaben bzw. konzessionierten Tätigkeitsfeldern weitere Aktivitäten in der Wertschöpfungskette und darüber hinaus neu entwickelte Dienstleistungen an. Dies können z.b. die Wassergewinnung und -aufbereitung und/oder die Abwasserbehandlung sein oder die Erzeugung von Strom und Wärme und die Realisierung von Energieeffizienzmaßnahmen bei den Kundinnen und Kunden durch Einspar-Contracting. Im Entsorgungsbereich wären beispielhaft die Sortierung und Behandlung von Hausmüll, die Erzeugung und der Vertrieb von Energie bei der Müllverbrennung zu nennen, aber auch die Entsorgung von DSD-Abfall oder von Gewerbemüll (einschl. von speziellen Entsorgungskonzepten für heimische Unternehmen. Darüber hinaus kann ein ganzes Spektrum weiterer Dienstleistungen entwickelt und angeboten werden (z.b. die Untersuchung von Anschluss- und/oder Abflussleitungen auf den Grundstücken der Kundinnen und Kunden, die Koordinierung von Sanierungsmaßnahmen bei Leitungen und energetisch relevanten Gebäudeteilen, die Errichtung und/oder Betriebsführung von privaten Anlagen). Im Zielkatalog des Unternehmens hat die Sicherstellung der kommunalen Daseinsvorsorge mit hohen Ansprüchen an Qualität und Service einen hohen Stellenwert. Der Schwerpunkt liegt dabei im angestammten Gebiet, in der Regel also in der eigenen Kommune.

Das **„in andere Regionen expandierende kommunale Unternehmen"** ist in der eigenen Kommune der „Platzhirsch" und bietet außerhalb dieser rentable Dienstleistungen auf der Basis seiner lokalen/regionalen Stärken an. Dies kann z.b. durch die Übernahme von Netzen oder der Betriebsführung von kommunalen Unternehmen oder durch strategische Unternehmensbeteiligungen geschehen. In den Märkten der Strom-, Gas- und Wärmeversorgung findet bereits ein – auch interkommunaler – Wettbewerb um Endkunden in den jeweiligen Netzgebieten statt. Auch hieraus können sich vertriebliche Kooperationsformen ergeben, indem Stadtwerke z.B. einen einheitlichen Marktauftritt konzipieren. Dies entspricht sowohl einer Stärkung des gesetzlichen Leitbildes von Wettbewerb, wie auch der politisch gewollten Verringerung oligopolistischer Marktmacht. Das in andere Regionen expandierende Unternehmen positioniert sich in der eigenen Kommune in der Regel als Komplettdienstleister. In anderen Kommunen bietet es – gestützt auf die eigenen Kernkompetenzen – zu Konditionen an, die eine mindestens so hohe Rentabilität ergeben wie Geschäfte in der eigenen Kommune. Zu den Kernkompetenzen gehört auch ein überdurchschnittliches Verständnis für kommunale Entscheidungsabläufe und Aufgabenstellungen der kommunalen Daseinsvorsorge. Deshalb kann das Unternehmen im Fall des Wettbewerbs um Konzessionen als Teil der „kommunalen Familie" auftreten. Die Expansion in andere Regionen bietet darüber hinaus die Möglichkeit zur besseren Auslastung der eigenen Kapazitäten (und damit zu einer Erhöhung der Gesamtrendite).

Kraft-Wärme-Kopplung (KWK): Bei der Kraft-Wärme-Kopplung wird durch die gleichzeitige Nutzung von Strom und der bei der Stromproduktion anfallenden Wärme ein sehr viel höherer Nutzungsgrad (mehr als 80%) erreicht als bei konventionellen thermischen Kraftwerken.

Das Kreislaufwirtschafts- und Abfallgesetz (KrW-/AbfG) von 1996 zielt auf eine grundlegende Umgestaltung der gesamten Abfallwirtschaft. Zweck des Gesetzes ist die Förderung der Kreislaufwirtschaft zur Schonung der natürlichen Ressourcen und die Sicherung der umweltverträglichen Beseitigung von Abfällen.

KWK-Gesetz: Mit dem Gesetz für die Erhaltung, die Modernisierung und den Ausbau der Kraft-Wärme-Kopplung (Kraft-Wärme-Kopplungsgesetz) wurde zunächst überwiegend die Modernisierung von KWK-Anlagen in Deutschland gefördert. Durch eine verstärkte Nutzung von KWK-Anlagen soll eine zusätzliche Minderung der Kohlendioxidemission im Bereich der Stromerzeugung erreicht werden. Im Rahmen des Integrierten Energie- und Klimaprogramms der Bundesregierung soll künftig auch der Ausbau der KWK gefördert werden. Ziel ist es, den Anteil der KWK ab der Stromerzeugung bis zum Jahr 2020 auf 25% zu verdoppeln.

Lastmanagement: Unter Lastmanagement sind Maßnahmen zu verstehen, die Leistungsspitzen vermeiden oder verlagern und die dadurch auch Kosten und eventuell Energiemengen einsparen.

Mikro-KWK: Klein- und Kleinst-BHKW, die nach dem Prinzip der KWK Strom und Wärme produzieren. Die Leistungseinheiten gehen mittlerweile auch in einen Bereich, der für einzelne Wohneinheiten einen Einsatz möglich macht. Das derzeit kleinste verfügbare Mikro-BHKW hat eine elektrische Leistung von 1 kW und eine thermische Leistung von 3,25 kW. Beispiele: motorisch betriebene Kleinst-BHKW, in Heizkessel integrierte Dampfmotoren, Stirlingmaschinen und künftig die Serienfertigung von betriebssicheren Brennstoffzellen.

Mission Statement: Ein Mission Statement gibt das Leitbild bzw. den Zweck eines Unternehmens und die Strategien zur Erreichung seiner Ziele wieder.

Müllverbrennungsanlagen (MVAs) sind Anlagen zur thermischen Abfallbehandlung. MVAs, deren Betrieb den strengen gesetzlichen Bestimmungen der 17. Verordnung zum Bundesimmissionsschutzgesetz (17.BImschV) entsprechen muss, stellen für organische und anorganische Schadstoffe Senken dar, da dort diese im Abfall enthaltenen Schadstoffe zerstört oder zurückgehalten und somit der Biosphäre entzogen werden. Eine MVA besteht prinzipiell aus einem Anliefer- und Zwischenlagerbereich (»Müllbunker«), einem Verbrennungsteil mit

Energierückgewinnung (»Müllkessel«) und einer Rauchgasreinigung. Die Verbrennungsrückstände wie Schlacke und Rauchgasreinigungsprodukte können weitgehend verwertet werden. Nicht verwertbare, aufkonzentrierte Schadstoffe werden untertägig abgelagert.

Nachhaltigkeit: Die Weltkommission für Umwelt und Entwicklung (Brundtland-Kommission) definierte den Begriff wie folgt: „Nachhaltige Entwicklung bedeutet eine Entwicklung, die den Bedürfnissen der gegenwärtig lebenden Menschen entspricht, ohne die Fähigkeiten zukünftiger Generationen zur Befriedigung ihrer Bedürfnisse zu gefährden". Seit der UNO-Konferenz von Rio de Janeiro 1992 ist das Prinzip der Nachhaltigkeit ein Schlüsselmodell gerechten, solidarischen und freiheitlich motivierten Handelns, welches in den Bereichen Umwelt, Wirtschaft und Gesellschaft von den Akteuren verantwortungsbewusstes Handeln für die Zukunft fordert. Nachhaltigkeit bedeutet, dass dabei den ökonomischen, ökologischen und sozialen Belangen in gleichem Maße Rechnung getragen wird.

Netznutzungsentgelt bzw. regulierte Netzentgelte: Das Netzentgelt wird vom Netzbetreiber für die Durchleitung von Strom bzw. Gas durch seine Netze erhoben. Diese werden von der Bundesnetzagentur oder der zuständigen Landesregulierungsbehörde genehmigt. Grundlage der Netzentgelte sind die Netzkosten, die von der Bundesnetzagentur nach § 23a EnWG genehmigt werden. Im Netznutzungsentgelt sind die Kosten für Netzaufbau und Erhaltung, Pflege und Reparatur, Erneuerung sowie Umspannungen zwischen den verschiedenen Spannungsebenen, der Systemdienstleistungen für Frequenz und Spannungshaltung sowie der anteiligen Übertragungsverluste enthalten.

Niedertemperaturwärme: Niedertemperaturwärme ist Wärme mit Temperaturen bis etwa 130° C. Sie deckt die Anwendungen Warmwasserbereitung, Beheizung von Gebäuden usw. ab. Bei höheren Temperaturen spricht man von Hochtemperaturwärme oder Prozesswärme.

Nutzwärme-Service: Nutzwärmeservice beschreibt ein Wärmelieferungskonzept. Der Wärmelieferant ist dabei Eigentümer der Heizungsanlage, nicht der Hauseigentümer. Der Wärmelieferant rechnet dann die Wärme mit dem Eigentümer bzw. Mieter verbrauchsabhängig ab.

Offshore-Windparks: Frei aus dem Englischen übersetzt, bedeutet Offshore „auf dem Meer". Damit werden alle Windparks bezeichnet, die auf dem Meer liegen. Offshore-Windparks zeichnen sich durch eine höhere Leistung aus, weil sich die Windkraft über die ebene Fläche von Meeren sehr gleichmäßig und stark entfalten kann. Die Abschattungseffekte sind daher sehr gering. In Deutschland eignen sich Ost- und Nordsee für Offshore-Windparks.

Öffentlicher Zweck: Dies sind die Ziele und Werte, denen ein kommunalwirtschaftliches Unternehmen verpflichtet ist. Eine alleinige Gewinnerzielungsabsicht wird nicht als öffentlicher Zweck angesehen.

ÖPNV: Der Öffentliche Personennahverkehr (ÖPNV) umfasst den Verkehr mit Linienomnibussen, flexiblen ÖPNV-Angeboten, Straßenbahnen, U- und S-Bahnen, Taxis sowie den Schülerverkehr.

Photovoltaik: Erzeugung von Elektrizität durch Ausnutzung von Sonnenenergie.

Primärenergie: Als Primärenergie bezeichnet man die Energie, die in den natürlich vorkommenden Energieformen und Energiequellen zur Verfügung steht (Erdöl, Kohle, Sonne etc.).

Public Value: Kommunale Dienstleister, die ihre Tätigkeit am Wohl der Bürger und der örtlichen Gemeinschaft orientieren, stärken die Wirtschaftskraft der Kommunen und schaffen damit verbundene direkte und indirekte Einkommens- und Arbeitsplatzeffekte. Durch Public Value entsteht ein konkreter Mehrwert für die Regionen und kommunalen Gebietskörperschaften. Die Wertschöpfung bleibt örtlich bzw. regional gebunden und wandert nicht ab.

Qualitätskommunikation: Die Qualitätskommunikation hat die Funktion, gegenüber der Eigentümerkommune, der Öffentlichkeit und den verschiedenen Kundengruppen die Güte der erbrachten Leistungen darzustellen und die Vorteile der kommunalen Ver- und Entsorgungsdienstleistungen (wie z.B. Vermittlung der komparativen Vorteile) herauszustellen.

Regenerative Energien: vgl. oben Erneuerbare Energien

Steuerlicher Querverbund: Nach der derzeitigen Verwaltungspraxis führt der steuerliche Querverbund dazu, dass Gewinne und Verluste unterschiedlicher wirtschaftlicher Tätigkeiten – insbesondere relevant sind die Versorgungs- und Verkehrsbetriebe bzw. -unternehmen – vor Steuern verrechnet werden.

Strategy Map: Bei einer Strategy Map handelt es sich um ein Diagramm, welches aufzeigt, wie durch das Verbinden von strategischen Zielsetzungen in Ursache- und Wirkungsverhältnis, Wert geschaffen werden kann. Sie stellen einen strategischen Teil der Balanced Scorecard dar (siehe oben).

SWOT-Analyse: Eine SWOT-Analyse (Strengths-Weaknesses-Opportunites-Threats, deutsch hier als Stärken-Schwächen-Chancen-Gefahren bezeichnet) ist ein zentrales Instrument der Untersuchung von Zukunftschancen von Unternehmen. Sie besteht aus der Kombination von internen Analysen, in denen die Stärken und Schwächen untersucht werden und externen Analysen, in denen die Chancen und Gefahren beleuchtet werden, die für die Zukunft zu erwarten sind.

Synergien zwischen den Sparten: Hiermit ist das Zusammenwirken unterschiedlicher, oft verwandter Sparten eines Unternehmens gemeint, durch das Aufgaben und Angebote gebündelt werden und dadurch eine Steigerung der Umsätze oder auch eine Verringerung der Kosten herbeigeführt werden kann.

Systemare Dienstleistungen: Systemare Dienstleistungen werden von Energieversorgungsunternehmen angeboten und dienen der Optimierung von Industrieprozessen (Produktionsprozessen) in den Anwendungs- und Technologiebereichen Strom, Raumwärme, Prozesswärme, Kälte, Druckluft, Trinkwasser, Brauchwasser, Gas, Gebäudemanagement, Werkslogistik, Werksentsorgung und die netzgebundene Entsorgung. Ziel ist es, den Energieverbrauch und damit die Jahresenergiekostenrechnung beim Energieabnehmer zu senken.

Treibhausgas: Treibhausgase (THG) umfassen die gasförmige Stoffe in der Luft, die zum Treibhauseffekt beitragen. Bedeutende Treibhausgase sind Kohlendioxid (CO_2), Methan (CH_4) oder das als Lachgas bekannte Distickstoffoxid (N_2O).

Unbundling: Englisch für Entflechtung (siehe „Entflechtung").

Vertikale Integration: Unternehmen, die auf mehreren Wertschöpfungsstufen, z.B. sowohl auf der Netzseite (Transport und Verteilung) als auch auf der Marktseite (Erzeugung, Handel und Vertrieb) Aktivitäten entfalten, bezeichnet man als vertikal integriert.

Wasserwirtschaft subsumiert in diesem Spartenband die öffentliche Wasserversorgungswirtschaft und die Abwasserentsorgungswirtschaft.

Wasserdienstleistungen bezeichnet alle Dienstleistungen, „die für Haushalte, öffentliche Einrichtungen oder wirtschaftliche Tätigkeiten jeder Art folgendes zur Verfügung stellen: a) Entnahme, Aufstauung, Speicherung, Behandlung und Verteilung von Oberflächen- oder Grundwasser; b) Anlagen für die Sammlung und Behandlung von Abwasser, die anschließend in Oberflächengewässer einleiten" (Art. 3 (36) Wasserrahmenrichtlinie).

Abkürzungsverzeichnis

ASEW	Arbeitsgemeinschaft für sparsame Energie- und Wasserverwendung
BHKW	Blockheizkraftwerk
BMU	Bundesministerium für Umwelt, Naturschutz und Reaktorsicherheit
CO_2	Kohlendioxid
DSD	Duales System Deutschland
EBS	Ersatzbrennstoff
EDL	Energiedienstleistung
EEG	Erneuerbare-Energien-Gesetz
EU	Europäische Union
GIS	Geoinformationssystem
IT	Informationstechnik
KMU	Kleine und Mittlere Unternehmen
KWK	Kraft-Wärme-Kopplung
MVA	Müllverbrennungsanlage
ÖPNV	Öffentlicher Personennahverkehr
PV	Photovoltaik

Kommunalwirtschaftliche Forschung und Praxis

Herausgegeben von Prof. Dr. Wolf Gottschalk

www.peterlang.de